- 湖北文理学院鄂北区域发展研究中心基地重点课题：数字经济赋能湖北省外贸数字化转型的路径研究，2024JDA02
- 湖北文理学院重点学科工商管理开放基金项目

数字经济时代

我国跨境电商高质量发展路径研究

李 晶 著

华中科技大学出版社
http://press.hust.edu.cn
中国·武汉

图书在版编目(CIP)数据

数字经济时代我国跨境电商高质量发展路径研究 / 李晶著. -- 武汉：华中科技大学出版社, 2024.10. -- ISBN 978-7-5772-1230-2

Ⅰ. F724.6

中国国家版本馆CIP数据核字第2024CN0136号

数字经济时代我国跨境电商高质量发展路径研究
Shuzi Jingji Shidai Woguo Kuajing Dianshang Gaozhiliang Fazhan Lujing Yanjiu

李晶 著

策划编辑：	项 薇　胡弘扬
责任编辑：	贺翠翠　洪美员
封面设计：	廖亚萍
责任校对：	张会军
责任监印：	周治超

出版发行：华中科技大学出版社(中国·武汉)　　电话：(027)81321913
　　　　　武汉市东湖新技术开发区华工科技园　　邮编：430223

录　排：孙雅丽

印　刷：武汉科源印刷设计有限公司

开　本：710mm×1000mm　1/16

印　张：13

字　数：212千字

版　次：2024年10月第1版第1次印刷

定　价：79.80元

本书若有印装质量问题，请向出版社营销中心调换
全国免费服务热线：400-6679-118　竭诚为您服务
版权所有　侵权必究

数字经济背景下,以跨境电子商务为代表的数字贸易新业态和新模式保持了持续较快增长,逐步成为推动我国对外贸易发展的重要抓手,跨境电商正在成为我国经济增长的新亮点。本书在编写过程中既结合了国际合作关系格局的变化,又充分考虑了当前国家政策的新方向和新特点;既有宏观的分析又有微观的视角,力求做到全面系统、完整准确、与时俱进。例如,第四章和第五章结合"一带一路"倡议和《区域全面经济伙伴关系协定》(RCEP)生效对我国跨境电商发展的影响进行讨论,第六章以乡村振兴战略和数字乡村建设为引领,对我国农产品跨境电商发展展开研究,第七章以湖北省营商环境为切入点进行区域分析等。

本书所研究的内容可以帮助读者了解新的知识,产生新的理解,有助于引导读者对当前社会面临的一些问题的思考;有助于推动科技进步和创新,带来社会的发展和进步;可以促进对我国跨境电商高质量发展问题的深入了解和分析,为政策制定提供依据;可以帮助跨境电商中小企业数字化转型升级,促进我国跨境电商行业健康可持续发展。

前　言

数字经济以 5G、区块链、人工智能等数字技术为支撑，不断推动产业革命和科技变革，使人类经济社会逐渐进入数字竞争时代。为抓住新的发展机遇，缩小与发达经济体间的差距，建立新的竞争优势，我国逐渐将数字经济作为经济发展的重要战略选择。自党的十九大报告提出建设数字中国以来，我国数字经济快速发展，已逐渐成为实现我国外贸数字化发展的重要支撑。党的二十大报告进一步提出"加快发展数字经济"，"发展数字贸易，加快建设贸易强国"。

中国信息通信研究院发布的《中国数字经济发展研究报告（2023年）》显示，我国数字经济规模由 2005 年的 2.6 万亿元扩张到 2022 年的 50.2 万亿元，占 GDP 比重也由 2005 年的 14.2% 提高到 2022 年的 41.5%，并且已连续多年位居世界第二位。这表明近年来我国数字经济发展迅猛，已成为我国国民经济新的核心增长极之一。数字经济发展速度快、辐射范围广、影响程度深，全球生产资源在数字经贸规则下开始重组并改变国际竞争格局，为跨境电子商务的高质量发展提供新动能。越来越多的贸易企业顺应数字经济发展趋势，加快推动贸易数字化转型，贸易数字化成为国际贸易的一种新形式。

2021 年发布的《国务院办公厅关于加快发展外贸新业态新模式的意见》中提道："新业态新模式是我国外贸发展的有生力量，也是国际贸易发展的重要趋势。加快发展外贸新业态新模式，有利于推动贸易高质量发展。"2024 年《政府工作报告》称，推动外贸质升量稳，促进跨境电商等新业态健康发展，优化海外仓布局，支持加工贸易提档升级，拓展中间品贸易、绿色贸易等新增长点。在此背景下，我们应深入学习贯彻习近平经济思想，贯彻落实中央经济工作会议精神，把握发展规律，抓住机遇，应对挑战，研究数字经济时代跨境电商高质量发展对策，加快培育外贸新动能、服务构建新发展格局，为世界经济发展注入新活力。

目 录

第一章　中国跨境电商平台运营商业模式比较　/ 1

　　第一节　中国跨境电商运营模式　/ 1
　　第二节　B2B 与 B2C 运营模式对比　/ 3
　　第三节　中国跨境电商平台与亚马逊平台对比分析　/ 6
　　第四节　中国跨境电商平台运营存在的主要问题　/ 12
　　第五节　中国跨境电商平台发展对策分析　/ 15

第二章　基于"跨境电商+海外仓"的商业模式创新　/ 19

　　第一节　中国跨境电商出口物流模式　/ 19
　　第二节　数字经济时代跨境电商海外仓建设的必要性　/ 23
　　第三节　海外仓模式比较分析　/ 27
　　第四节　跨境电商海外仓的发展现状　/ 29
　　第五节　跨境电商海外仓发展中存在的问题　/ 33
　　第六节　LT 公司海外仓模式案例分析　/ 38
　　第七节　跨境电商海外仓发展对策　/ 42

第三章　数字经济下跨境电商助推中国品牌出海的路径　/ 47

　　第一节　研究综述　/ 48
　　第二节　中国跨境电商发展现状　/ 50

第三节　中国品牌出海优势　　　　　　　　　　　　　/ 53
第四节　跨境电商助推中国品牌出海的路径　　　　　/ 55

第四章　"一带一路"与RCEP生效为中国跨境电商带来的机遇与挑战　　　　　/ 61

第一节　"一带一路"倡议内容概述　　　　　　　　/ 61
第二节　中国与共建"一带一路"国家跨境电商发展与合作　/ 64
第三节　RCEP内容概述　　　　　　　　　　　　　　/ 71
第四节　RCEP背景下我国跨境电商面临的机遇与挑战　/ 75
第五节　RCEP下我国跨境电商发展的有效路径　　　　/ 80

第五章　RCEP背景下中国企业开拓东盟跨境电商市场的思考　/ 83

第一节　中国企业开拓东盟跨境电商市场的意义　　　/ 83
第二节　研究综述　　　　　　　　　　　　　　　　/ 84
第三节　中国-东盟跨境电商发展状况　　　　　　　　/ 87
第四节　中国产品在东盟市场上的竞争力分析　　　　/ 92
第五节　中国企业开拓东盟跨境电商市场面临的挑战　/ 96
第六节　中国企业开拓东盟跨境电商市场的对策　　　/ 98

第六章　数字乡村建设下中国农产品跨境电商高质量发展对策　/ 103

第一节　跨境电商助推乡村振兴　　　　　　　　　　/ 103
第二节　中国农产品跨境电商发展现状　　　　　　　/ 108
第三节　我国农产品跨境电商出口中存在的问题　　　/ 113
第四节　RCEP生效对中国-东盟农产品跨境电商高质量发展的机遇与挑战　　　　　　　　　　　　　　　　/ 117
第五节　我国农产品跨境电商出口的对策　　　　　　/ 121

第七章　湖北省跨境电商高质量发展研究　　/ 131

第一节　湖北省跨境电商发展状况　　/ 131

第二节　贸易便利化对湖北省跨境电商高质量发展的影响　　/ 145

第三节　武汉市跨境电商发展SWOT分析　　/ 161

第四节　襄阳市跨境电商发展SWOT分析　　/ 168

第五节　跨境电子商务综合试验区的经验及启示　　/ 183

参考文献　　/ 195

第一章
中国跨境电商平台运营商业模式比较

近年来,随着互联网科技和信息技术的快速发展,中国现有的买卖方式产生了巨大的转变,由过去线下的"面对面交易"变为现在线上的"虚拟交易"与线下交易相结合,跨境电商贸易迅速崛起,无论是规模还是创新速度,均引起了全社会的广泛重视。跨境电商平台的运营模式分为B2B、B2C与C2C三类。就目前各个平台的入驻商家数量来看,企业用户(B)远远多于个人用户(C),也有些平台同时包含了B2B、B2C与C2C三类运营模式,而在外贸平台的运营模式中,现在主要的两大模式就是B2B和B2C。

第一节 中国跨境电商运营模式

一、B2B模式

B2B(Business to Business),是指企业对企业的买卖。就目前平台的运营模式来看,B2B主要是指企业与企业之间托付于某一平台进行信息交流和比对,从而促成贸易的达成。B2B模式下,企业间主要通过网络的建立稳固其销售。

目前,中国B2B模式的跨境电商平台有阿里巴巴、Global Sources(环球资源)、中国制造网等。这类平台以门户网站为主,覆盖全行业数字化商品、商家信息,平台以广告和信息公布为主,交易、支付、物流等事情基本在线下实现,在传统贸易模式的基础上,不断整合线上、线下资源,为企业提供全方位服务,通过提供付费会员服务等形式,实现交易线上化、快速化、大量化。而最具代表性的平台阿里巴巴,则是将B2B模式发挥到了极致,阿里巴巴平台上的买家来自200多个国家和地区,一般是从事进出口业务的贸易代理商、制造商及中小企业。阿里巴巴国际站同时向其会员及其他中小企业,提供通关、退税、贸易融资和物流等进出口供应链服务,基本提供了全流程服务。

二、B2C模式

B2C（Business to Customer）,是指企业面对个人消费者的买卖。B2C平台的运营模式是线下零售方式的"变相"发展。早期的零售方式只存在于某个国家的某个市场内,消费者很难进行跨国购物,但跨境电商平台推出的B2C交易方式,使得消费者可以只购买一件产品而并不增加企业的成本。企业利用国际航空小包与国际快递等物流中介,依托邮政小包、EMS、UPS、DHL等第三方物流进行物品配送。B2C模式下,企业销售产品依靠大规模、覆盖广的零售方式,靠满足大多数消费者需求以及提供令消费者满意的服务来占领市场,而企业与消费者之间直接的交易也为消费者节省了一笔较大的成本。近年来,中国已经成为最大的B2C市场。

目前中国B2C模式的跨境电商平台主要有天猫国际、全球速卖通、考拉海购等。这类平台的运营模式主要分为第三方平台运营模式和自运营模式,像天猫国际、全球速卖通这两个跨境电商平台就属于第三方平台,其本身不从事相关商品的经营活动,而是通过设置平台的要求,允许符合要求的商家入驻,由这些入驻的商家经过使用平台的资源进行产品的销售,而平台建立并完善一套对商家和消费者进行规范约束的机制,不对产品销售做过多干预。而考拉海购、兰亭集势等平台运用的是自运营模式,自营型跨境电商平台更类似于传统的零售企业，平台使得商品交易场从线下转换到线上，主要涉及供应链环节，通过打造出供应链环节上的巨大优势，给消费者提供更优质的服务。

三、C2C模式

C2C（Customer to Customer），是指消费者与消费者在平台上进行个人间的买卖交换，其特点类似于线下买卖的跳蚤市场。从某种程度上来看，C2C模式将互联网节省成本的优势发挥到了极致。但也正是由于节省成本这一特点，这种模式局限于国内市场，不适用于跨境交易。相比于国内C2C交易，跨境电商C2C交易面临着开店成本大、每单货物少、物流成本高、利润空间小、商品质量参差不齐或者无保障等一系列缺陷，这使得C2C模式与B2B、B2C模式的市场占比悬殊，有很多平台开始转型而放弃C2C模式。国外的eBay平台在C2C模式上具有绝对优势，目前中国跨境电商平台采用C2C模式的有淘宝全球购、京东全球购等，但相比于B2B和B2C模式，C2C模式的交易额显得微不足道。

第二节 B2B与B2C运营模式对比

一、B2B与B2C模式的特点对比

（一）市场特点

得益于互联网科技的迅速发展，电子商务使商品可以在更广阔的区域中流通，能够更畅通地售卖给世界各地的需求者。相比于传统的国际贸易模式，B2B和B2C跨境电商运营模式处在飞速发展期，具有推动跨境电子商务变革的

巨大动力。

B2B跨境电商市场的购买者和供应者是互惠互利关系，购买者通过平台来鉴别供应者，选择供应者提供的各项服务，购买者与供应者进行长期挂钩交易。供应者通过平台来降低客户开发、产品销售、物流运输等成本，通过保证供货质量来牢牢把握住购买者的市场，从而促进市场的发展。B2C模式的最大特点是企业直接向消费者销售产品或服务，省去了中间环节，降低了成本。B2B与B2C平台通过为卖家提供服务来开拓市场，卖家通过该市场获利，平台也能从卖家的收益中获得好处。

（二）经营特点

B2B的交易模式可以使买卖双方在网络平台上完成从寻找交易对手到交货的一系列业务流程，减少了企业间的贸易流程，从而在一定范围内降低了企业运营成本。B2B模式不但建立了一个交易群体平台，更为企业间的日后协作与产品买卖做了铺垫，给企业带来了更多的交易机会。网络的便利性和可扩展性使企业跨地区、跨国界发展更加便利。

B2C是企业与消费者之间直接进行交易的贸易活动，即在线完成信息流、资金流、业务流和部分物流的连接。企业可以运用大数据准确地满足不同消费者的差别需要，充分利用平台提供的基础设施，低成本地开展自己的商业活动。相对于B2B模式中企业提供信息给企业，B2C模式中企业可以更精准地提供产品信息给个人消费者。

二、B2B与B2C平台的基础差异比较

B2C是以B2B为基础演化而成的，两种平台运营模式的营销框架与原理相似，但由于两者面向的客户不同，它们在交易数量、着力点、目的以及合作关系等方面的基础差异较大。B2C平台的客户占有量虽远大于B2B平台，但B2B平台客户的需求量远超B2C平台，并且B2B平台市场交易链比B2C平台更为复杂，交易更加严密，规模也更大，具体如表1-1所示。

表1-1 B2B与B2C平台的基础差异

内容	B2B（阿里巴巴国际站）	B2C（天猫国际）
目标客户	企业中间商	个人消费者
搜索展示信息	企业信息	产品信息
交易数量	数量较大	数量较小
着力点	注重实力，会通过好的产品、有竞争力的价格和优质的服务赢得客户	注重运营和营销，通过文案和包装打动消费者
目的	建立买卖双方交易的桥梁	体现适用性与个性化
合作关系	长期合作	短期合作
意义	连接企业，促成企业更好发展	借助于互联网促进零售业的发展

三、B2B与B2C营销模式对比分析

B2B和B2C在营销模式上区别较大，两种模式各有其发展重点，主要原因是它们销售的产品目标受众，客户的目的、诉求，以及企业的营销策略与手段均有不同。B2B模式下，买卖双方的交易是一个复杂的过程，企业的购买行为由多方面因素决定；而B2C模式下，交易是消费者为满足自身需求的单方面行为，市场上的购买决策由消费者单独完成，具体如表1-2所示。

表1-2 B2B与B2C营销模式对比

内容	B2B营销	B2C营销
受众特点	专业、可靠、高效	个性化、性价比、满足性
购买目的	企业看中长期影响	暂时性需求或短期性需求
购买诉求	更看重产品的实质性利益回报	满足个人感官喜好
购买偏好	注重企业品牌和公司商标	产品价格、质量、售后
产品定位	根据企业的需求定制产品	产品标准化
定价方式	谈判定价	一口价
促销方式	人工促销为主，广告或其他促销为辅	广告促销为主，其他方式为辅

第三节 中国跨境电商平台与亚马逊平台对比分析

一、亚马逊平台简述

亚马逊平台是集合B2B和B2C两种商业运营模式的平台,最早从B2C起家,为了扩张市场,于2012年开始发展B2B模式(Amazon Supply),针对企业长尾采购与零售商进货,制定了满足企业小额交易的阶梯价格体系。

亚马逊的B2B模式是从B2C模式演化而来的,2015年亚马逊公布了面向企业客户的商城Amazon Business,其前身即为Amazon Supply。Amazon Business为亚马逊平台中一个共享网址的内部模块,需要企业提供严格的身份信息和企业信息,实现了直接转化Amazon的站内流量。Amazon Business在招商策略上采取独立招商,但也会发展站内已有卖家升级到B类市场。

二、B2B对比:亚马逊与阿里巴巴国际站

亚马逊作为全球最大的跨境电商网络交易平台,占据着全球电商贸易市场的半壁江山。而阿里巴巴作为中国数字经济的优秀代表,通过向上生长和向下扎根两条道路,与亚马逊展开激烈竞争。

亚马逊于2012年推出Amazon Supply,希望靠这一商城来进军B2B市场。2015年,亚马逊在Amazon Supply的基础上推出了Amazon Business,作为亚马逊涉足B2B采购市场的跳板。Amazon Business靠着亚马逊本身的电商主体,在模式上比阿里巴巴国际站(Alibaba.com)更先进,实现了货物的快速流转和供应链成本的集约化控制。

阿里巴巴国际站和Amazon Business两个平台模式的相似之处主要表现在以下几个方面:从盈利机制上看,都是以会员费、平台费、交易费等中介费用

作为主要收入来源，盈利方式多样；从支付、物流等交易服务上看，都试图进行全面布局，来使得平台上的交易双方可以更便捷地完成一系列交易流程，从而提高用户黏性；卖家方面，都一直在争取中国的供应商，阿里巴巴国际站从创立之初，就一直以中国的中小企业为主，为无数个中小型外贸企业提供了出口平台，造就了企业的高速发展，Amazon Business 也在不断扩充其中国的供应商，借助自身的 B2B、B2C 电商平台，将货物销往全球。

现阶段阿里巴巴国际站和 Amazon Business 的主要差异体现在以下几方面，如表 1-3 所示。

表 1-3 阿里巴巴国际站与 Amazon Business 对比

内容	阿里巴巴国际站	Amazon Business
业务区别	中介角色，第三方综合平台	自营，拥有自己的产品仓库
买家	二次销售的零售商、分销商、贸易商	自用企业为主
卖家	自产自销企业和外贸公司	亚马逊供应商、专业卖家
交易模式	信息拟合＋信用保障在线交易＋供应链	B2B 特色服务
支付	信用保障在线支付	信用付、合并账单、兑账
物流	阿里第三方物流菜鸟网络	亚马逊自建物流 FBA
特色服务	P4P、旺铺、阿里物流、直通车	卖家徽章、免税项目、谈判定价

在平台服务能力上，阿里巴巴国际站以第三方服务为主，其更多的是整合买卖双方的信息资源，然后将其输出给有需要的交易方，其市场覆盖面更宽更广，但也存在服务过程不可控等缺陷，从而不能完全保障买卖双方在使用平台服务时的体验及交易的确定性。而 Amazon Business 以自营为主，这意味着其在自营过程中的运营成本投入更大，但其自建的物流系统、仓储体系给 Amazon 用户提供了除价格以外的更好的服务体验，提升了用户对平台的依赖程度。

在物流方式上，阿里巴巴国际站选择了第三方公司外包式物流，并且借此机会整合出了菜鸟物流。而亚马逊自建其物流体系 FBA，并在各地有自己的仓储，可以达到按地点发货快速配送的物流效果，且亚马逊的自建物流在用户服务和用户体验上也更为个性化。

在买卖双方角色上，阿里巴巴国际站的买卖双方中存在许多零售商、分销商等转销商，这一方面是由于很多生产厂端网络化程度低，另一方面是由于跨境电商的文化地域差异较大，需要中间商转销。而 Amazon Business 是直接连接生产厂端与企业买方，在这种方式下，B2B 交易的效率被不断提高。

在平台会员体系和结构上，"全球买、全球卖"始终是阿里巴巴国际站的目标，其会员制度和成长体系还在逐步完善，买家的特色服务相对来说比 Amazon Business 要少，而且平台用户的留存率也低于 Amazon Business。而 Amazon Business 基于对买家认证、买家差异化服务、买家成长结构的建设，使得 Amazon Business 的买家复购率与忠诚度比阿里巴巴国际站更高，用户留存率也更高。

在对买卖双方的软服务倾向上，Amazon Business 的理念一直是专注于买家，以买家为中心，平台在定价、交付和客户支持方面的服务已经无可挑剔。而阿里巴巴国际站则将重点放在卖家上，希望通过互联网技术解决卖家的问题，帮助小企业成长。因此，两者在对买卖双方的服务理念上存在着偏差。阿里巴巴国际站对卖家的软服务更好，致力于帮助卖家销售更多的产品，而 Amazon Business 则主要服务于买家，以买家的体验与个性化服务为基准，致力于提供更好的平台软服务，提升买家用户的黏性。

三、B2C 对比：亚马逊与阿里巴巴全球速卖通

阿里巴巴在其 B2B 的基础上，于 2010 年成立了全球速卖通 B2C 跨境电商平台，目前全球速卖通已经成为中国最大的跨境电商 B2C 平台。全球速卖通自己的定位是第三方交易服务平台，意在为买卖双方建立长久的合作关系。亚马逊和全球速卖通虽然在运营模式上比较相似，但是在物流、资金、产品等方面仍存在较大不同，如表 1-4 所示。

表 1-4　全球速卖通与亚马逊对比

内容	全球速卖通	亚马逊
市场定位	新兴发展中国家市场	欧美发达国家市场
产品定位	物美价廉	高端精品
平台盈利	佣金+直通车	佣金+AWS
商家构成	国内卖家多，国际化程度不如亚马逊	站点遍布全球，国际化程度高

续表

内容	全球速卖通	亚马逊
物流	第三方合作物流＋海外仓储＋专线物流	FBA＋第三方合作物流＋邮政注入
支付方式	国际支付宝＋第三方（VISA、Payoneer、WebMoney等）＋当地主流支付手段	Amazon Pay＋（VISA、MasterCard、Payoneer、WebMoney等）
云计算	阿里云	AWS

（一）市场策略

亚马逊与全球速卖通都将平台定位为网络零售交易的服务商，二者都是服务于商家与消费者。亚马逊以欧美市场为主，全球速卖通因为起步较晚，大多市场已被亚马逊占领，所以其开拓目标便瞄准了新兴市场，如俄罗斯、巴西等国家。根据市场的不同，两个平台销售产品的策略也不同，对于欧美国家，亚马逊走精品高端路线，价格相对全球速卖通来说更贵，而全球速卖通对于不发达国家的策略则是物美价廉，以低价占领市场。

（二）平台盈利模式

二者收入的来源都包括商家在平台上交易的佣金，以及物流仓储收费、广告投放收入等。但相对全球速卖通而言，亚马逊多了自营体系，也就多了一条盈利通道，而且亚马逊在其云计算服务平台AWS中也有不小的收入。而全球速卖通也通过直通车这一特色服务，创新了广告营销收入模式。在平台佣金费率这一收费点上，亚马逊针对商品类目一般收取10%～15%的佣金，而全球速卖通则收取5%～8%的佣金，远低于亚马逊。

（三）物流模式

亚马逊和全球速卖通都采用了自建物流与第三方合作物流的形式来降低物流成本与缩短运输时间，但在具体的实施上有所不同。亚马逊在第三方合作物流的基础上创新了"邮政注入"的配送模式，产品通过亚马逊的自建仓送到买家当地的邮政后再进行运输,这样既方便了邮局配送产品,又节省了运输费用。而且亚马逊在其自建物流中进行技术创新,最先使用机器人找货,还自创了独特的八爪鱼拣货机器,成功将IT技术与物流相结合。

全球速卖通则针对不同国家和地区,创建了很多条专线物流,和传统的物流方式不同,专线物流与买家当地的快递公司或邮局合作,共同构成物流体系。卖家将货物自行送至全球速卖通的仓库,通过核实后由全球速卖通进行产品投递,极大地提高了卖家的物流效率,而且产品有了物流保障,也保护了买家的利益。全球速卖通还建立了无忧物流,在解决纠纷问题上,为平台上的买卖双方提供担保,既节省了商家的时间也保护了消费者的正当权益。此外,如果买卖双方对物流配送不满,还可以通过在线投诉等方式进行维权,这些服务极大地提高了买卖双方满意度。

(四) 支付方式

亚马逊和全球速卖通都以企业自身的支付体系为主,第三方支付为辅,并且针对不同国家也会采取具体不同的支付方式。全球速卖通在德国、荷兰等国都采用本地使用的支付方式,力争支付本土化、快捷化,为买家提供极大的便利。因为支付涉及购买的最终"关卡",关系到买家的最终利益,全球速卖通在支付手段上可谓绞尽脑汁。而亚马逊的买家基本上都是使用VISA和万事达卡来进行支付。亚马逊与全球速卖通都是以借记卡、信用卡为主要支付手段,以不同国家的不同支付方式为特色,都极大地方便了各地买卖双方的交易。

(五) 退款和收货

全球速卖通的退款中买卖双方权利和义务的不对等是影响卖家积极性的主要因素。买家收到物品后不满意,退货时卖方要承担运费;如果买方拒付货款,卖家有可能财货两空。收货问题则主要表现为买方延迟收货所导致的卖方暂时收不到货款。在退款和收货方面,全球速卖通将重点放在买家上,而间接忽视了卖家的一些权利。

在亚马逊平台上,卖家在发货后的货款收取,无须先得到买家的确认收货即可进行。亚马逊通过"14天考察期"来将每个时段的货款发放给卖家,这样可以减少卖家收款时间长、资金周转速度不佳等问题。

（六）买家付款保护

亚马逊的保护范围比全球速卖通更大一些，只要符合亚马逊的退款政策，买家都可以在收货后30天内退货；而全球速卖通为15天内，买家认为货物与描述不一致即可退货或者留下货物，部分赔偿。

总之，两个平台由于定位、目标不同，从而延伸出方方面面的差异。亚马逊作为老牌的B2C跨境电商平台，发展时间久，各项体系较为成熟，其很多方面都为全球速卖通的发展提供了参照，如物流模式、盈利模式等。而全球速卖通也在某些方面设计出更适合自身发展的模式，如"入乡随俗"的支付模式。

四、整体对比

（一）知识产权保护

近年来，阿里巴巴一直都在积极探索符合市场规则、保护商家正当权益的路径，最终推出了阿里巴巴知识产权研究院这一新设立的部门机构。从阿里巴巴处理知识产权纠纷中所遇到的问题以及阿里巴巴旗下国际站、全球速卖通等站点的需求来看，知识产权研究院这一机构的设立使得知识产权问题得以进一步解决，也加大了对侵权行为的打击力度。具体办法是设立分值体系，根据侵权行为来扣分，再依照扣分情况对商家进行制裁，如果分值严重降低，那么商家可能无法参加平台的大小型活动，且商品也无法进入优选区，从而流量减少。分值的降低同时也伴随着权益的减少，严重的话可能会关闭商家账号，这一办法的实施使得侵权商品大为减少。

而亚马逊的知识产权政策则与美国的知识产权保护息息相关，卖家在其平台上所销售的产品，不光要遵守亚马逊的平台政策，还要遵守一系列的联邦与州政府法律法规等，而且对于商标、版权、设计、发明等专利都有要求。与阿里巴巴相同的是，亚马逊在处理侵权上也是采取分级政策，从限制权利到关闭店铺，都较为相似。

（二）等级评分

亚马逊从配送方式、运输时间、订单缺陷率、买家评论、卖家反馈时间这五个方面来综合评定卖家的表现。阿里巴巴则从商家力与商品力两方面进行等级评分，并且区分直接下单产品与非直接下单产品。不管是直接下单产品还是非直接下单产品，都有两大指标：商家成长分数和实力产品数。网站通过商品的转化效果、服务以及展示来综合评定商家成长分数，再从实力、潜力、普通、低质四个分类进行产品分级，从而得出实力产品数，并最终结合两个分值来评价商家力与商品力。相比于亚马逊的等级评分标准，阿里巴巴的评分制度更为成熟及严谨，考虑的影响因素比较充足，更能体现商家的资质。

（三）客户类型

亚马逊作为全球最大的电子商务平台，更关注平台产品的个性化与品牌化，站内竞争激烈，市场广阔，其Prime会员数量超过了1亿人，更适合于具有丰富资源的大品牌企业，机遇与挑战并存；而阿里巴巴则倾向于中小企业入驻，其条件也比较宽松，市场广、出单快是其优点，为中小企业的数字化转型和国际化发展提供了机会。

第四节 中国跨境电商平台运营存在的主要问题

一、B2B跨境电商存在的问题

（一）绝大多数B2B跨境电商平台还未形成交易闭环

B2B运营模式的跨境电商平台多诞生于20世纪末至21世纪初，起初都以信息匹配为起点，这也成为平台发展的基础。虽然B2B模式下市场的规模更大，但也因为种种制约而导致发展缓慢，譬如各类票据繁杂、交易金额大等问题，且商业环境也受到信用、支付等问题的影响。因此，在交易流程之外的其他服务就显得尤为重要，这种其他服务不单指售后服务，还包括产品供应链之外的延伸服务。目前国内形成交易闭环的平台仅有阿里巴巴，而其他规模略小的B2B跨境电商平台，如中国制造网、敦煌网等，由于各种原因，尚未达到这一标准。

（二）B2B跨境电商缺乏政策支持与有效监管

与传统的贸易模式相比，跨境电商B2B运营模式在许多方面都有着不同，譬如交易主体、风险、规则、供应链环节等。但是在政策契合度方面，目前尚未明确配套税收政策，如跨境电商B2B出口涉及的增值税、出口退税、企业所得税等税收政策尚未具体明确，导致企业普遍存在对税收追缴的担忧，无法大规模进行试单。在市场监管方面，当前全国范围内存在利用跨境电商新业态从事违法活动的现象，如部分走私分子将一般贸易货物进行零散化操作，通过跨境电商进口进行走私；一些企业以虚假申报、高价报关等方式获取地方补贴；安全准出及侵犯知识产权等问题时有发生。协同监管机制方面，当前的监管机制在跨境电商产品质量、贸易数据、税费征收等方面仍存在许多不明确和不完善之处，如尚未建立行业、企业信用信息库，缺乏科学高效的监管手段等。这些问题的解决往往涉及海关、检验检疫、税务、外汇等许多政府部门，而这些政府部门之间的协调也存在一定困难。法律法规健全方面，目前，仅《中华人民共和国电子商务法》中有一条涉及跨境电商行业的法律法规，而与知识产权、税收、贸易活动、垄断行为有关的法律法规都源于《中华人民共和国民法典》。国家和有关部门尚未发布专门的法律法规，地方也未制定具体的行业规定、细则来规范和保护市场秩序。由此可见，我国在跨境电商B2B模式的市场监管与政策扶持上还有很长的路要走。

（三）产品同质化严重

最近几年是跨境电商平台"井喷式"大发展时期，无论哪个领域的产业都想在跨境电商领域分一杯羹。但大量的生产商进入，使得行业竞争更加激烈。这种情况导致的结果不是产品更加优质，而是各种商品都存在大量的替代品，产品同质化现象加深，最终导致各企业通过价格战来占领市场，也刺激了假冒伪劣产品的滋生，使得很多品类的利润空间被大大压缩。目前政府推行的政策主要面向B2C模式的平台企业，而B2B模式的平台企业依然面临着较多外贸问题。

二、B2C跨境电商存在的问题

（一）物流仓储

电子商务使物流业得到了快速发展，目前我国物流基础设施和物流网络较为完善，但跨境电商B2C模式下的物流运输却存在着一些问题。B2C模式下，个人买家比较分散，很难形成集中且大规模的配送量，因此，企业的物流成本和仓储费用较高，而且存在单笔成交价过低，而快递费用甚至高于成交价格的现象。有些第三方物流公司还存在配送地区分配规划不合理、配送不及时等问题。此外，在国外，由于仓库的分类、标签等方面的工作非常繁重，再加上现代化的仓库管理成本很高，对人力资源的需求也比较大，所以很多中小企业都承受不起国外仓库的昂贵成本。

（二）信用风险

网络购物的信用问题影响了整个虚拟购物平台的健康发展，这些问题主要表现在：产品质量难以保证，在跨境电商平台中多多少少会遇到假冒伪劣厂家，它们利用平台进行虚假宣传销售，仿冒其他产品等；买卖双方在交易过程中存在违约或攻击性行为，有些企业为了占领市场，不择手段去损害其他企业的正当权益，比如买"水军"进行差评等；个别消费者依靠退款等手段来谋取自身利益等。虽然很多跨境电商平台都有自己的信用评估体系，但这一体系还不够完善，买卖双方的权利和义务也不对等，这就给了有心之人可乘之机。

第五节 中国跨境电商平台发展对策分析

一、B2B平台

（一）形成完整的交易环

完整的交易环对B2B跨境电商平台具有重要的作用。形成一个良好的交易环可以使跨境电商平台进入一个良性循环，信用体系及支付体系是这个交易环中的重难点。阿里巴巴国际站的信用评价体系是首先分析每个销售商在国际站上的信用情况以及交易情况，然后针对不同等级的信用给出相应的信用标识或信用保障额度，从而保护购买者的交易安全。如果遇到违约或货物问题，也可以由阿里巴巴国际站来支付赔偿。其他B2B平台可以以阿里巴巴国际站为参考来建立自己的信用保障体系，还可以引进第三方信用评级机构来为入驻的供应商企业进行信用评级，将评级报告放于供应商的主页，让买家了解供应商的信用情况。而针对支付方式，我国应该发展多元化的支付方式，将本土支付工具与国际支付工具接轨，并联合跨境电商平台共建完整的支付体系。

（二）建立完善的监管体系，提供有效的政策支持

首先，建立完善的监管体系，就意味着各政府部门之间要紧密合作，并且要与B2B平台密切联系。可以通过建立中间平台来实现政府部门与B2B平台企业之间的直接对接，政府通过平台对企业进行监管，企业通过平台对交易中的问题进行反馈。其次，提供有效的政策支持，这就要求政府在应对跨境电商B2B的问题上有专门的政策文件，可以在税收、物流、支付等方面制定有效的政策支持，来激励企业发展。地方政府可以建立跨境电商产业园、综合试验区

等园区,对有需要的中小企业进行特定的项目扶持,这样既可以促进企业的发展,又可以提高政府的税收,实现双赢。

(三)减少同质化,加强供给侧改革及B2B平台的外贸综合服务能力

B2B跨境电商应精准把握产品的需求市场,减少同质化产品,提高产品的附加值,使整个产品供应链得到有效的提升。对于地方来说,应去产能,减少无用的、低效的供给,增加有效的中高端供给,在B2B跨境电商平台上形成地区特色销售,利用B2B跨境电商平台来打通产业链上下游,使地区产业链走向一体化、专业化的发展方向。

而在外贸综合服务能力方面,应该进行协同发展。首先,在交易供应链的各处适当增加其他服务。例如,政府部门可以协助供应商利用外贸单据进行融资,为中小企业提供更多融资机会,协助平台对企业进行信用评估等。其次,为购买者提供本土化、个性化服务,满足购买者的购买需求。平台可以帮助购买者对货物进行真伪识别或验证虚假订单或者工厂,消除购买者的交易顾虑。最后,平台可以围绕交易来开发各种增值服务,扩大外贸交易的增值空间,企业也可以通过提供各种外贸培训来吸引更多跨境电商人才。

二、B2C平台

(一)探索新型网上支付商业模式和物流配送方式

现行的物流模式并不能满足跨境电商B2C的交易量,也不能满足用户对物流服务的要求。B2C模式下,平台可以借鉴国内的物流模式,加强与大型物流公司合作,减少配送的时间成本和费用成本。支付方式方面,可以加强生物识别技术在支付领域的作用,积极发展新型支付模式,借鉴国际上的主流支付方式,并与之结合、合作。同时,引入第三方支付监管,使支付更加透明化、清晰化,从而减少支付上的法律问题。

（二）建立健全信用评价体系和监督系统

完善的企业或个人的信用评价体系可以有效地约束交易双方的经济行为。可借鉴国外先进的信用评价体系，建立起能为更多社会成员所用的公开的诚信档案，政府部门、跨境电商平台可联合建立相关制度，对经营者的信用状况进行全程跟踪。比如，对入驻平台的卖家进行详细的资质调查，确保卖家之前没有不诚信经营行为；在卖家入驻平台后，从卖家的商品宣传、商品数量、商品质量等方面予以实时关注；在交易完成后，可从交易记录、买家评价、纠纷记录等方面对卖家的信用状况进行综合评估。此外，也可以与其他平台进行信用数据交换，构建网络交易监管系统。对于B2C这种面向小额消费者的模式，由于交易分散且量大，信用体系的构建任重道远。

（三）加强知识产权保护

平台之所以出现有商家仿冒其他品牌的现象，很大原因是入驻的中小商家资金贫乏，没有建立自己的品牌，只能靠仿售其他品牌来获得市场份额。因此，跨境电商平台应该制定规章制度，加强巡查，建立投诉渠道，帮助企业维权；同时协助中小商家发展自己的独立品牌，共同维护整个市场公平竞争的环境。

第二章
基于"跨境电商+海外仓"的商业模式创新

全球化和数字化时代的来临,为跨境电商和国际贸易带来了前所未有的机遇,作为跨境电商的重要环节,跨境物流水平无疑成为制约跨境电子商务发展的一大因素。跨境物流模式主要有邮政小包、国际快递、专线物流以及海外仓。在跨境物流模式中,邮政小包是所有模式中成本最低的,但是配送时间也是最久的。国际快递相较于邮政小包来说时效性高,配送时长缩短,但是成本也随之上升了几倍,是成本最高的一种物流模式。对于很多从事跨境电商的中小企业来说,国际快递的成本较高,所以大多中小企业转而选择成本低廉的邮政小包,这使得跨境电商企业的发展面临较大的局限性。综合对比下,海外仓无论是在成本还是在时效方面,都是跨境电商物流模式的最优选择。海外仓把跨境电商跨境贸易的本质转化为本土贸易,提升了物流时效性,拓宽了目标市场,使得国际贸易变得更为便捷,消费者更容易得到满足。因此,越来越多的跨境电商企业选择在海外设仓。如今,海外仓渐渐被跨境电商企业所接受,在如此激烈的竞争环境下,不同类型的跨境电商企业如何选择适合自己的海外仓发展战略也成为有待解决的问题。

第一节 中国跨境电商出口物流模式

当前的跨境电商出口物流模式主要有邮政小包、国际快递、专线物流、海外仓等,这几种物流模式各有利弊,在跨境贸易的发展中逐渐显现出来。

一、邮政小包

跨境电商是一个面向全球的采买供应链,需要跨境物流来支撑其运输,众多出口物流模式中邮政小包无疑是较热门的一种。邮政小包得益于全球各大邮政联盟政策,面对的出口国家范围广,只要有邮政的国家都能到达。它对跨境电商卖家的要求较低,一件也可以出口。当然,除了中国邮政小包,其他国家邮政小包物流也拿出自身优势齐齐抢占市场极大的出口小包物流。中国邮政是万国邮政联盟和卡哈拉邮政组织的成员之一,快递价格相比国际快递会便宜很多。中国跨境电商出口的包裹中,有70%是通过邮政系统投递的,其中中国邮政约占50%的份额。目前跨境电商物流以邮政寄递渠道为主,邮政网络基本覆盖全球,比其他物流渠道更广。中国邮政还同时推出大包、小包等物流选项,而两者之中邮政小包使用较广泛,原因在于其价格低廉,时效也在可以接受的范围内。也有部分商家会选择联系货运代理,进而使用香港邮政或新加坡邮政等。

邮政小包最大的优点在于基本可以送达全球,配送范围广。邮政是国有企业,可以享有税收补贴政策,这也造就了它的业务价格优势。从当前的跨境物流模式可以看出,邮政小包和国际快递依然是跨境物流行业的"香饽饽",因其简单、直接的特点通常成为商家常选择的物流方式。然而二者定位互不相同,国际快递主打高端业务,而邮政小包属于经济型业务,在短期之内还不会形成竞争威胁。邮政小包的劣势主要有两点:一是时效方面,需要较长的时间才能送达;二是丢包率较高,因为邮政小包的平邮没有跟踪这一功能,包裹容易丢失,且丢失后寄件人或收货人通常不会获得任何赔偿。

二、国际快递

国际快递有商业快递和国际邮政速递两大类。而在商业快递中又有四巨头,分别是联邦快递(FedEx)、联合包裹(UPS)、敦豪速递(DHL)、天地快运（TNT）这四大国际快递公司。国际快递的特点是对信息有很好的把控，通过网络和全球化信息系统，为消费者带来极好的配送体验。运送速度快、提供优质服务是国际快递区别于邮政小包的两大优点，但是物流成本也相对高些。因此，只有在顾客对时效有极高要求时，商家才会考虑使用国际快递，同时也会让顾客承担物流费用，这对于顾客来说增加了采购成本，因此也就不利于商品的出口。

顺丰、申通、圆通、中通和韵达等国内快递公司在近几年也开展了跨境物流服务。申通、圆通虽然进入跨境业务较早，但业务重心还是放在境内，近几年随着跨境电商的迅猛发展，这两家公司才开始逐渐加大力度发展跨境业务，之后中通、韵达也紧跟行业步伐。相较于这几家国内快递公司来说，顺丰的跨境快递业务发展已经相对稳定，许多国家和地区都在其业务范围之内。国内快递公司的跨境业务运输速度较快，费用也不算高，但其着重发展境内业务，对跨境业务还比较陌生，缺乏经验，覆盖的范围也不广，因此较少被跨境电商卖家使用。

三、专线物流

专线物流通常使用空运方式，速度快。到达目的国家或地区后，由合作的公司进行派送。这种运输方式适用于大批量的货物，因为空运一般是包舱运输，货物越多越划算，成本会随着货物的增加而减少。比较普遍的物流专线有美国专线、欧洲专线、俄罗斯专线等，目前一些货代公司也陆陆续续推出了其他专线，如中东专线、南美专线等。专线物流的优势是当货物较多时，专线物流的价格会优于国际快递，时效性又优于邮政小包。劣势在于价格方面还是远高于邮政小包的，覆盖的范围也很有限。

四、海外仓

海外仓是指国内仓储管理公司或跨境电商企业在目标国家或者其他国家自建仓库或者直接租用仓库，通过大宗运输方式将国内货物运输至海外仓储设施，提供货品仓储、分拣、包装、派送的一站式控制和管理服务。海外买家下单成功后，卖家及时、准确、低成本地直接从当地海外仓配送中心就近将货物运输至国外终端客户。与邮政小包和国际快递不同的是，海外仓具有物流时效快、运输成本低等显著优点。

海外仓的具体运输流程分为三个阶段：首先是头程运输，出口商家需将自己的货物运送至自己海外的仓库，也可以委托其他承运商将货物运送到其海外的仓库，运输方式由商家自行选择，可以使用海运、空运或联运的方式；其次是仓储管理，商家可以使用海外仓的物流信息系统远程操控仓储，海外仓公司会根据商家要求管理仓储的货物；最后是本地配送环节，一旦商家需要发货，海外仓公司就会按照商家的指令对其储存在海外仓的货物进行处理，完成分拣、包装及发货等步骤，货物发出后，海外仓公司会及时更新系统的信息，让商家可以更直观地掌握货物动态，具体如图2-1、图2-2所示。

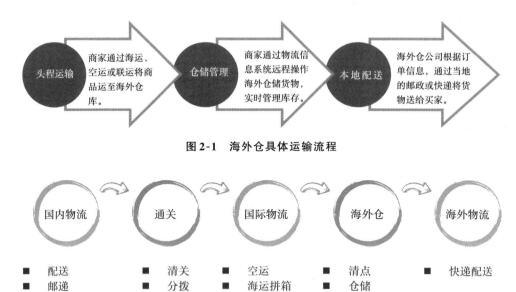

图2-1　海外仓具体运输流程

图2-2　跨境电商海外仓发货流程示意图

海外仓的主要优势在于降低了物流成本，方便提供退换货服务，消费者的消费体验更佳，还可以增加产品种类。海外仓虽然存在很多优势，但也会面临一些风险，如货物储存在仓库容易造成积货，且海外仓还多了一个仓储的环节，这就要求商家在仓储方面要管理到位。

第二节 数字经济时代跨境电商海外仓建设的必要性

一、当前形势发展的需要

随着物流便捷化、信息方便化，国家为了促进进出口贸易的发展出台了许多政策，跨境电商的发展前景越来越好，逐渐成为全球贸易发展的新势力。物流配送时间的缩短，交流沟通工具的进步，信息获取的便捷以及消费观念的转变，加快推进了跨境电商行业的高质量发展，同时也拉动了跨境物流行业的快速发展，以此来满足供不应求的物流需求。然而，跨境物流在高速发展的同时，遇到了物流配送速度慢、物流成本高、物流追踪难等问题。除此之外，不同国家的物流环境也存在着差异。若受到突发事件的影响，中国出口至全球的跨境线路可能熔断，导致航班减少，空运价格暴涨，物流效率降低，跨境卖家成本大幅增加。为抵御此类风险，海外仓成了跨境商家的"救星"，提前备好货物的海外仓能承接一部分本应从国内出口的订单，解决了出口难的问题，使业务可以正常运转。

跨境电商与跨境物流是密不可分、相辅相成的关系，跨境电商行业在高速发展的同时也带动了跨境物流业的发展，使跨境物流的市场需求不断增加，预计在未来很长一段时间内，都会处于一个强势增长的状态；同时，跨境电商行业的发展也吸引了越来越多的企业开始涉足跨境物流领域，拓展跨境物流业务，主要包括跨境电商平台、物流企业及相关企业。

随着全球消费者对跨境电商的需求不断增长，跨境物流市场也将迎来更多的机遇和挑战，因此需要完善的体系支撑其运作。消费者对跨境物流水平的要求不断升级，便利、快捷的海外仓储物流的需求逐年攀升，成为跨境电子商务物流的必然发展趋势。海外仓实现了跨境贸易本土化，解决了配送周期长、退换货不方便等问题。由此可见，海外仓不仅是跨境电商和跨境物流的产物，更是跨境电商时代物流业的大趋势。

商务部发布的数据显示，2023年，我国网上零售额15.42万亿元，增长11%，我国连续11年成为全球第一大网络零售市场。随着互联网技术的发展，人们的消费模式逐渐从线下实体店消费转化为线上消费。网购成为热潮后，人们不再只局限于购买国内产品，许多海外产品也大受欢迎，从而拉动了进口业务的发展。与此同时，"中国制造"日益受到海外消费者的青睐，超万家传统外贸企业触网上线、提质增效，跨境电商成为企业开展国际贸易的首选和外贸创新发展的排头兵。全球电子商务的迅猛发展为中国品牌出海提供了新的赛道，而海外仓作为新型外贸基础设施，则为中国品牌出海提供了强劲动力。

二、跨境电商行业发展的需要

随着全球电商市场的不断扩大，海外仓成为不可或缺的一环，其在降低物流成本、提高物流效率和提高消费者体验方面较传统物流具有明显的优势。

（一）物流成本对比

邮政国际快递：国际EMS属于商业快递，价格较高，与DHL、UPS不相上下。e邮宝、挂号小包、平邮小包均属于经济小包，价格全网最低。

国际商业快递：DHL、UPS、FedEx价格相差不多，整体在跨境物流中价格最高。

国际专线快递：美国专线、欧洲专线、日韩专线等国际专线快递，价格比EMS、DHL、UPS、FedEx低很多，但是比e邮宝、挂号小包、平邮小包通常要高。

仓储代发货模式：仓储费用方面，30天免租；操作费用方面，小件包裹2~3元/单；物流费用方面，DHL、FedEx、UPS 2~4折收货，e邮宝、挂号小包、平邮小包7.8~8.8折收货。

海外仓发货模式：海外仓由于通常批量备货，货量大、运费高，但是平均资费较低。平均资费比其他邮政快递如e邮宝、挂号小包、平邮小包等要低。海外仓通过将运输、仓储、配送等环节整合在一起，实现规模化运营，从而降低成本。此外，海外仓还可以提供本地化的售后服务，进一步降低了跨境电商的售后成本。

（二）派送时效对比

邮政国际快递：包括EMS、e邮宝、挂号小包、平邮小包四类主要物流渠道。EMS属于全球速递渠道，时效为5~12天，较为快捷。e邮宝属于新型的经济小包，时效为7~15天，时效不错。挂号小包、平邮小包属于传统电商小包，时效为10~20天，时效较慢。

国际商业快递：包括DHL、UPS、FedEx三类全球主要国际物流运输渠道。DHL是全球规模较大的商业快递公司之一，时效为3~7天。FedEx即美国联邦快递，国际空运快递，时效为5~8天。UPS即美国联合包裹快递，时效为2~5天。

国际专线快递：包括美国专线、欧洲专线、澳大利亚专线、日韩专线等主要快递渠道。美国专线时效为7~15天，专注美国路向货物递送。欧洲专线时效为5~12天，可递送货物到欧洲多个国家。澳大利亚专线时效为5~10天，时效较快。日韩专线时效为3~5天，时效较快。

仓储代发货模式：主要是对跨境卖家仓储物流流程的优化，提供后端一站式仓储物流发货服务，提高上网、发货时效，减少经营环节，降低运营成本。

海外仓发货模式：分为头程与尾程，一般头程可选择商业快递、空加派、海派三种方式，尾程一般与本土邮政或物流巨头合作，通常5天内都能到货签收。

由此可以看出，时效较快的是国际商业快递与海外仓发货模式，其次是国际专线快递与邮政快递的EMS，最后是邮政e邮宝、挂号小包、平邮小包。在邮政e邮宝、挂号小包、平邮小包中，e邮宝时效较快。

（三）消费者体验对比

对消费者来说，跨境电商的购物体验相对较差，因为涉及语言、文化、支付等方面的差异。eBay曾委托Forrester Research公司做过一项调查，该项调查的研究报告表明，51%的消费者由于"物流成本过高"而不愿意在跨境电商平台购物；47%的消费者由于"派送时间过长"而不愿意在跨境电商平台购物。该调查结果显示，物流成本过高成为制约跨境电商用户购物的最大成本障碍，与此同时，物流时效慢也是困扰跨境电商用户获得良好快速购物体验的物流障碍。

而海外仓的出现，可以改善消费者的购物体验。首先，海外仓发货速度较快，据统计，从海外仓发货相比从国内直接发货，成本降低1/5～1/2，发货时间也由原来的20天左右缩短至一般国内快递的3～5天；其次，海外仓可以提供本地化的售后服务，解决消费者的后顾之忧；再次，海外仓可以提供更加丰富的商品种类，满足消费者的需求；最后，海外仓还可以根据消费者的需求进行定制化服务，提高消费者的满意度。

三、提高跨境电商国际竞争力的需要

随着跨境电商市场的竞争加剧，如何提高竞争力成为跨境电商的重要课题。而海外仓可以帮助跨境电商提升竞争力。首先，海外仓可以提高跨境电商的物流效率和服务质量，提高消费者的信任度和忠诚度。其次，海外仓可以帮助跨境电商降低成本，扩大利润空间。最后，海外仓可以帮助跨境电商更好地了解当地市场需求和消费者习惯，制定更加精准的市场策略。

从发货量来看，美国、英国、德国、日本、澳大利亚五国近几年第三方海外仓发货量持续上涨，且在2019年突发卫生事件之后，发货量上涨尤为明显，2020年的第三方海外仓发货量与2019年相比，均有超过300%的上涨。其中，澳大利亚和日本均有超过500%的上涨。原因主要在于受突发卫生事件的影响，跨境物流时效变慢，因此把需要出口的货物提前运输至海外仓进行备货，当海外买家在电商平台交易成功后，再从海外仓直接配送至当地终端客户，完成"最后一公里"的尾程货物配送，成为比国内直发时效更快、更稳定的选择。因此，越来越多的跨境电商平台的用户选择本地发货而非跨境发货来满足他们对时效的需求。

总之，海外仓是跨境电商不可或缺的一环。海外仓的建设和使用，可以提高物流效率、降低成本、提升消费者体验和提升竞争力。因此，对跨境电商来说，应重视海外仓的建设和运营，以更好地满足市场需求和实现可持续发展。

第三节 海外仓模式比较分析

一、亚马逊FBA仓

FBA（Fulfillment by Amazon）是亚马逊提供的一项物流服务，能帮商家代发货，具体包括仓储、拣货、包装、配送、收款、客服及退货处理等一条龙物流服务。商家将货物储存在亚马逊仓库，提前备货，接到客户下的订单后，从仓库直接发货。中国也有类似的物流运营体系，如京东平台的物流服务。京东的物流模式参考了FBA的物流体系，有自己的仓库，且平台上销售的产品，可以通过京东自有的物流发货。FBA仓的物流水平是海外仓行业中的标杆，它的物流体系比第三方海外仓更完善，发货量和品类数量都远超第三方海外仓。

FBA仓最大的优势是亚马逊拥有自己的仓储物流体系，世界各地都有其仓库，利用信息系统实现智能化管理，处理订单更快速、更便捷。亚马逊FBA仓库通常设立在机场附近，卖家将货物提前存放于仓库中，订单一下达，货物就会从仓库通过亚马逊自有的物流配送到买家手中，缩短了配送时间。如果配送到买家手里的产品出现任何问题或需要售后服务，也能够保证在最短时间内解决。而且在亚马逊平台使用FBA仓，还能增加产品的曝光度。

但FBA仓也存在一些缺点，其中较突出的缺点是FBA仓不包括头程物流和清关服务。卖家要在FBA仓储存货物，就要将货物提前运送至当地仓库，而头程的物流需要卖家自己解决。卖家需承担头程物流费用及海外仓费用，这导致成本增加。此外，沟通的灵活性差，这点体现在与FBA仓客服沟通时只能使用英语，再加上时差等因素，处理问题的效率并不高。且FBA仓只供亚马逊平台的卖家使用，产品不能都发到一个仓库，系统后台会将产品分配至不同的仓库。由于卖家要提供头程物流费用，分开发货，物流成本也随之提高。另外，FBA仓对商品有限制，在包装上也有一定要求，如果不符合亚马逊的要求，就会被拒收或退仓。

二、第三方海外仓服务商

第三方海外仓，即第三方海外仓储服务，是指由物流服务商独立或共同为卖家在销售目的地提供的货品仓储、分拣、包装、派送的一站式控制与管理服务。货物储存至第三方企业的海外仓中，买家下了订单后，卖家通知第三方物流服务商及时将产品分拣、包装，配送到买家手里。第三方企业承担了跨境出口中的跨境物流这一环节，协助卖家将货物送达买家手中，更便于卖家出口货物。

不同于FBA仓的是，第三方海外仓会提供头程物流和清关服务，卖家不仅不用担心头程物流的问题，还降低了物流成本。而且第三方海外仓的综合费用比FBA仓低，卖家能花更少的费用拥有相同的服务。一般来说，卖家会使用的第三方海外仓通常都是国内的物流服务商，可以使用中文交流，沟通起来更省事，提高了沟通的灵活性。此外，第三方海外仓不限制平台，无论是哪个平台的卖家都可以使用第三方海外仓。它还能作为中转的仓库，例如有些卖家在亚马逊平台出现断货的情况时，此时若第三方海外仓还有货，就可以把货物从第三方海外仓调入FBA仓中，从而节省了卖家从国内发货的时间。

总的来说，FBA仓的部分劣势都可以通过第三方海外仓来弥补，但是FBA仓独有的优势是第三方海外仓做不到的。第三方海外仓不能增加平台上产品的曝光度，如果买家使用第三方海外仓服务留下了中差评，第三方海外仓服务商很难提供满意的售后和投诉服务。

三、卖家自建海外仓

第三方海外仓的服务水平参差不齐，物流体系不够完善，还很难满足客户的个性化需求，另外FBA仓也只能供亚马逊平台的卖家使用，因此许多有能力的跨境电商企业选择了自建海外仓。企业自建海外仓，可以很好地把控整个跨境物流环节，为企业提供更符合企业自身需求的个性化物流服务。但是自建海外仓要求企业拥有一定的资金且能运营好海外仓，因为自建仓的成本高，企业还需要具备清关、报税、仓储、分拣、包装及配送等能力。

跨境电商企业自建海外仓的优势在于能自建适用于本企业的物流体系，所有的出口流程都掌握在企业手中，可以灵活调配。自建仓虽然便捷，但是需要承担的风险也更高，跨境电商企业在物流行业中毕竟不是专业的，对大多企业来说物流还是一个新领域，涉及的问题比较复杂。企业如果想要自建海外仓，还要保证产品的销量，因为当地的配送价格是根据产品销量的高低来决定的，销量越高，拿到的当地配送价格就会越低。对拥有自建仓的企业来说，管理员工也是一大难题。企业在海外自建仓库通常都会使用当地的劳动力，文化差异等问题造成了管理难题。

第四节 跨境电商海外仓的发展现状

在跨境物流的多种模式中，海外仓一直是较热门也是非常受追捧的模式。海外仓作为跨境电商重要的境外节点和新型外贸基础设施，不仅成为我国出口企业开拓市场的"新通道"，还能够极大地缩短跨境物流的配送周期。这种新的跨境物流形式有利于解决跨境电商发展中的种种痛点，吸引了越来越多的企业争相布局。

一、规模化初具成效

商务部发布的数据显示，2021年底我国海外仓的数量超过2000个，总面积超过1600万平方米。根据《2022海外仓蓝皮书》的数据采集说明，截至2021年12月，海外仓数量排名前十的国家为美国、英国、德国、日本、澳大利亚、加拿大、俄罗斯、西班牙、法国、意大利,总数达1810个。从数量上看,美国海外仓数量遥遥领先,达925个,为第二位英国的4倍多。从整体趋势看,2020年,美国、英国、日本、加拿大、西班牙、法国6个国家的海外仓数量增速均超过40%;2021年,海外仓增速有所放缓,仅有美国、德国、加拿大、意大利4国海外仓增速超过40%。其中,加拿大以155.88%的增速领跑,意大利的增速排名第二,为77.27%,美国则以44.76%的增速排名第三。由此可见,北美、欧洲等跨境电商业务量增长较快、物流基础设施较扎实的地区成为海外仓布局首选地。在需求的拉动下,2023年跨境电商海外仓规模还在大幅增长。通过行业调研了解到,2024年海外仓行业有望继续延续增长趋势。

二、政策环境持续利好

近几年,跨境电商作为外贸新业态备受关注,海外仓作为跨境电商的重要境外节点,是新型外贸基础设施,是跨境电商的重要组成部分,国家持续出台了有关海外仓建设发展的政策措施。2018年7月13日召开的国务院常务会议提出要以跨境电商为突破口,鼓励企业加快建设海外仓和全球营销网络,促进外贸行业的发展。2019年国务院印发《中国(上海)自由贸易试验区临港新片区总体方案》,方案中强调发展跨境数字贸易,支持建立跨境电商海外仓。2020年4月7日召开的国务院常务会议提出将具备条件的跨境电商综合试验区所在城市纳入跨境电商零售进口试点范围,支持企业共建共享海外仓。

党的二十大报告中指出:推进高水平对外开放,稳步扩大规则、规制、管理、标准等制度型开放,加快建设贸易强国。《国务院办公厅关于加快发展外贸新业态新模式的意见》《国务院办公厅关于推动外贸保稳提质的意见》等文件中也明确提出,完善跨境电商发展支持政策,支持跨境电商海外仓发展,提升专业化、规模化、智能化水平,进一步发挥对跨境电商的带动作用,助力外贸保稳提质。

三、沿海企业争相布局

海外仓涉及许多流程,需要多种资源的支持,如人力、物力、信息、资金等，不仅可以实现跨境采购，还能促进跨境生产。随着跨境电商的崛起和全球供应链的整合，企业越来越需要在全球范围内高效管理它们的库存和物流。海外仓正好填补了这一需求，通过在不同国家和地区建设仓储设施，可以为企业提供更灵活、高效的仓储和配送解决方案。这种新的跨境物流形式有利于解决发展跨境电商的种种痛点，吸引了越来越多的企业争相布局。

截至2024年4月，从海外仓面积来看，谷仓和递四方的仓储面积均超过100万平方米，覆盖全球30余个国家，已成为行业第一梯队的企业，作为海外仓的头部企业，积极响应国家号召，为跨境电商企业保驾护航。而无忧达、西邮、万邑通、文鼎和乐歌则紧随其后，其中有些企业的发展更为迅速，大有追赶第一梯队企业的势头。乐歌作为为数不多的上市海外仓企业，追赶态势更加明显。截至2023年底，乐歌在全球运营12个海外仓，面积超过28万平方米，2024年根据业务发展需要，计划新租仓库10万~15万平方米，同时开建美东、美西两个仓库，预计2025年投入运营，未来公司将陆续利用已储备的800多英亩（1英亩=4046.86平方米）土地建设海外仓，取代租赁仓库，提升海外仓的毛利、净利水平。除了乐歌，Anker、致欧科技、三态股份、赛维等跨境赛道上市企业也纷纷表示将加大海外仓布局。

与此同时，各地政府也积极出台政策举措，支持跨境电商和海外仓的发展。深圳和宁波走在全国前列，两市的海外仓企业数量也较多。截至2024年2月，深圳企业在全球建设运营的海外仓数量超350个，建设面积超过380万平方米；而宁波已有73家企业在全球24个国家和地区建立海外仓217个，总面积达374万平方米。

随着海外仓数量越来越多，规模也越来越大，再加上跨国界、语言、文化和时区，如何对海外仓进行高效、一体化的管理已成为企业的一大痛点。

四、应对风险，促进供应畅通

受全球突发事件的影响，国际物流行业运价上涨、缺箱缺仓、港口拥堵等问题层出不穷，跨境电商卖家更加青睐于海外仓。《2021中国跨境电商物流行业蓝皮书》中提供了2020年全球突发卫生事件之后谷仓海外仓的入库指数和库存周转指数，如图2-3、图2-4所示。

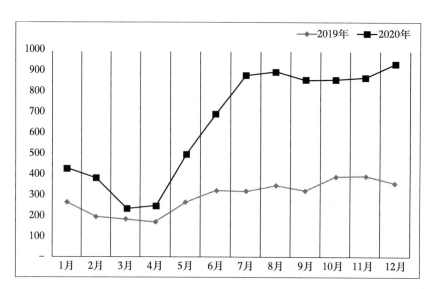

图 2-3　2019 年和 2020 年谷仓入库指数对比

（数据来源：《2021 中国跨境电商物流行业蓝皮书》）

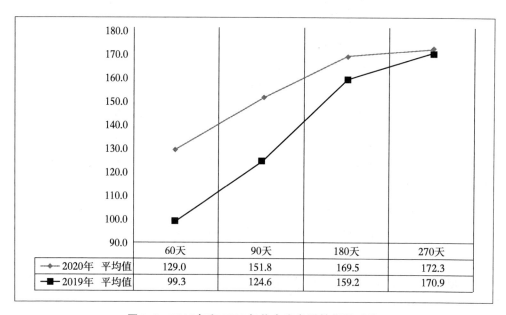

图 2-4　2019 年和 2020 年谷仓库存周转指数对比

（数据来源：《2021 中国跨境电商物流行业蓝皮书》）

入库指数是对入库货物的重量、体积和SKU（最小存货单位）数量做了指数化的处理后的综合数据。从图2-3中入库指数可以看到，2020年突发卫生事件暴发以来，库存逐渐下降，3月份处于库存最低值，5、6月份库存上升趋势明显，这与事件影响下港口海运拥堵、海运价格大幅上升是密切相关的，最高峰达到2019年的3倍。

周转指数是商品在入库之后的60天内，能够卖掉的库存商品数量占总库存的百分比。从图2-4中可以看到，2020年与2019年相比，60天内周转指数基本上能够提高30%，90天内能够提高20%。对卖家而言，周转指数的提高，不仅减少了商品库存，还降低了仓储成本，加快了资金周转。这也说明在突发事件的影响下，消费者对提前存储在海外仓的商品需求是旺盛的，甚至达到了迫切的程度。

目前，海外仓采取了多种科学合理的措施来应对全球供应链短缺和运输延迟等挑战，例如与不同地区的供应商建立合作关系，以降低对特定地区供应链的依赖性。这样当某一地区出现问题时，仍能够保证物资的稳定供给。合理的库存措施包括：安全库存量的设定，以应对突发性需求增加或供应链中断的情况；建立紧急备货计划，针对可能出现的运输延迟或短缺情况提前准备必要物资；与供应商和物流方面建立密切的沟通，及时了解并应对潜在的供应链问题，保持灵活性以应对变化；探索多种运输方式，包括航空、海运、铁路和公路运输，以确保其中某种方式受阻时，仍有其他选项可供选择；引入先进的物流技术，如实时追踪系统和智能化调度系统，以优化运输路径和节约时间。通过以上措施，海外仓能够更好地应对风险与挑战，提高运营韧性和供应链的稳定性。

第五节 跨境电商海外仓发展中存在的问题

一、滞销产品积压难以处理

跨境电商企业较头疼的问题之一是库存滞销，很多企业毛利率很高，而且销售情况也非常不错,但是因为库存滞销,企业全年收支可能刚好持平甚至亏损。

如图2-5所示,跨境眼观察在2021年3月对"企业年度滞销库存占年销售额比重"的调研显示,76.15%的卖家将年度滞销库存控制在年销售额的20%以下,其中7.04%的卖家处理较好,没有滞销库存;23.95%的卖家年度滞销库存占年销售额的比重超过了20%。

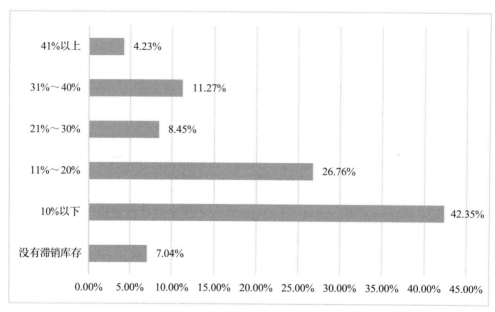

图2-5 企业年度滞销库存占年销售额比重

(数据来源:跨境眼观察)

如图2-6所示,清货损失占年销售额10%以下的卖家较多,达60.57%,其中22.54%的卖家选品能力较好,加之2021年补货不多,没有清货损失;而9.86%的卖家清货损失占年销售额比重超过了20%。假设一个卖家一年有1亿元的销售额,净利润为10%,如果存在20%的滞销库存,就是2000万元滞销库存。如果滞销库存按五折清货,收支刚好持平,整个公司就不赚钱了。因此,如果不小心备多了货物,销售情况不好,滞销库存将成为卖家的大麻烦,小件或低档货值的商品可以直接销毁或退回,中大件商品若直接销毁,损失很大;若放任不管,会带来高昂的存储费用。

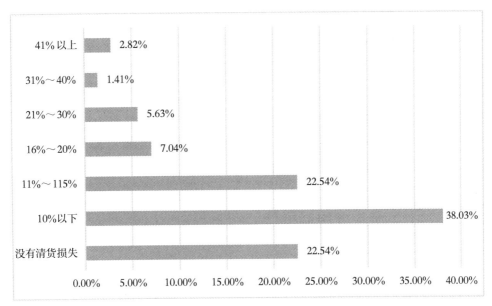

图2-6 清货损失占企业年销售额比重

（数据来源：跨境眼观察）

二、数字赋能程度低

当今世界已全面进入数字经济时代，海外仓服务所采用的传统模式也应转变为数字化、信息化模式。

海外仓1.0时代：这时的海外仓只有存储货物的功能，用来帮助企业解决国外集货、仓储、发货、物流等基础问题并被贴满"苦活、累活"的标签。

海外仓2.0时代：这个时期的海外仓不只有仓储功能，而是集仓储、头程尾程运输、退换货等功能于一体。随着纵腾、递四方、万邑通等大型物流企业强势兴起，迅速抢占大片市场，全球物流基础设施建设不断优化，先进智能机器设备逐渐规模化运用。2.0时代的海外仓虽然拥有强大的市场竞争力，但也面临着诸多挑战，如海量SKU、仓库复杂程度高、货量波动大。

海外仓3.0时代：外贸企业和物流企业的纷纷参与，推动海外仓进入数字化时代，达到利润最大化的同时保证速度和时效，增添顾客的好感，提高复购率。

目前，许多海外仓在基础设施方面还处于初级的作坊式发展水平，完全依靠人工，属于典型的劳动密集型产业，缺乏数字化设备，成本高、工作效率低、仓储密度低、易出错等问题屡见不鲜。传统的人工管理模式存在信息不对称，无法准确地收集、分析、管理、预测市场数据等问题，因此对目标市场的需求状况缺乏灵敏度，经常出现滞销或断货等问题，这导致了消费者体验不佳、物流时效缺乏保障、顾客黏性弱等后果。因此，有必要将机器人和数字化设备应用到海外仓以提高工作效率和准确率，降低人工成本。

三、上下游产业协调度低

上下游产业是直接配合和围绕主导产业发展起来的各种产业。海外仓服务的关联上下游产业包括跨境电商平台、物流公司、金融服务公司等。

海外仓服务通常是由跨境电商企业与专业性的仓储公司签订合同，由仓储公司提供下列服务：头程物流运输服务，即将货物从原产地运输出口至目的地仓库；代为清关服务，即代为办理出发港口的出口相关事宜，代为办理目的港的进口清关手续；海外仓储服务，即对货物提供海外仓储服务；目的地本地物流服务，又称尾程物流服务，即受跨境电商企业的委托，对货物就近提供本地"最后一公里"配送服务。因此，跨境电商企业和仓储公司往往分工明确，权利和义务分明，导致海外仓服务与跨境电商平台服务脱节。

另外，大部分海外仓企业都会面临税务风险。跨境电商卖家可能存在不符合法律规范的财税问题，如收款不合规、付款不合规、国外资金回流国内不合规、物流报关不合规等，会导致境外的清关和仓储物流企业也不得不承担整个产业链条的财税风险。此外，有些地区针对跨境电商的税收政策，如出口退税、减免税等税收优惠政策尚不完善，通关政策尚不健全，通关时间长导致物流周转慢，进而会延长卖家资金周转时间。

四、服务水平有限

随着跨境电商的快速发展，海外仓作为推动外贸高质量发展的基础设施，也应从规模化发展向高质量发展迈进。当前,海外仓服务缺少一套系统的规范化的服务标准。缺乏雄厚资金支持的海外仓服务商仅提供单一的仓储和配送服务,在产品展销、通关、税收等方面服务水平有限。

海外仓服务存在的主要问题包括:入库上架时间长(旺季),耽误销售和发货;头程、尾程物流时效慢;库存不准、漏发货、发错货;客服服务慢、不专业等。参差不齐的海外仓服务使许多卖家"踩坑"。有的卖家遇到海外仓丢货但不承担赔偿责任和私吞货物的情况,也有卖家发现与自己合作的私人海外仓只是兼职海外仓,卖掉货物谋利后就跑路,类似于地库兼职海外仓或者餐馆兼职海外仓。

在海外仓丢货是一个比较常见的现象,就算在FBA仓也会出现丢件现象。但是由于海外仓远在国外,卖家对服务商提供的业务不能全面了解,一旦把供应链的钥匙交出去,无论是仓库设施、运输还是在国外的其他环节,卖家对自己的货品都会失去一些控制。如果遇到服务差、不回信息的服务商,那更会使卖家感到恐慌。跨境电商卖家如何选择海外仓也是一个令人头痛的事情,选择较为知名的海外仓,费用过高会超出预算;选择小型海外仓,担心货物问题及售后服务问题。再加上目前市场上海外仓服务水平参差不齐、数量繁多、没有相对的平台保障,卖家在选择海外仓时需要花费大量的心思。

五、本土化运营难度大

完成前期经验积累的跨境电商卖家们,渐渐开始关注如何迎合目标国家消费者的需求,设计和生产出目标国家消费者喜爱的产品,并做好本土营销等问题,而不再局限于做一个将产品从国内运输到国外的搬运工。

海外仓的本土化运营面临着较多挑战,如不熟悉目标国家政策法规、海外员工管理难度大、难以招聘海外员工、资金压力大、不知如何进行海外仓库选址等。不熟悉当地法律和合规要求可能会给企业带来重大障碍。商业惯例、沟通方式和文化规范的差异会影响仓库运营的效率和有效性。

总的来说,目前的海外仓难以满足卖家的本土化运营需求,也难以满足消费者的个性化服务需求,亟须采取积极措施来克服这些挑战,充分发挥海外仓提供的巨大优势。

第六节
LT公司海外仓模式案例分析

一、LT公司业务简介

LT公司（上海兰亭集势信息技术有限公司）是中国的一家在线跨境电商出口B2C企业，成立于2007年。它整合了供应链服务，从供应商到服务商都有相当稳定的合作伙伴，2010年发展成为中国跨境电商平台的龙头企业。LT公司的业务范围涵盖婚纱礼服及配件、服装鞋包、珠宝手表、电子及配件、运动户外、玩具宠物、家居假发、纹身美甲等近百万种商品。经过多年的发展，LT公司的供应商遍布全球，国内的大多数一线品牌都已加入LT电商平台。

LT公司主要通过其自营的电商平台开展业务，同时在亚马逊和eBay等全球领先的电商平台上也有自己的业务布局。LT公司于2013年6月在美国纽交所挂牌上市，成为"中国跨境电商第一股"。LT公司的客户来自200多个国家和地区，注册客户数千万人，遍布北美洲、亚洲、欧洲和南美洲。2022年，LT公司营收实现新的里程碑，全年营收突破5亿美元。

二、LT公司海外仓运营历程

（一）美国海外仓历程

2010年之前，中国国内电子商务发展较为缓慢，海外仓还没有大规模普及，LT公司当时主要通过国内的两个仓库——深圳和苏州仓库进行发货。该公司在eBay平台销售时发现一些同行的发货地点并不是在中国，大部分都显示为美国地址。经过一段时间的观察，LT公司发现这些发货地址在美国的公司的产品搜索排名总是遥遥领先，无论采取何种销售措施也无法与这些公司竞争。通过对对手进行调研后得知，原来这些企业在美国设置了仓库，产品可以直接从海外的仓库进行配送。平台会优先显示海外设有仓库并有本地发货服务的产品，这对于当时的LT公司来说是非常不利的局面。在了解到这一深层次原因之后，LT公司为了能与其他的企业站在同一起跑线上，便开始效仿对手，开始了首次海外仓的尝试。

由于公司刚刚起步，对于海外仓还不是很熟悉，可以说是从零开始运营海外仓。LT公司在前期非常谨慎地选择了第三方海外仓模式进行试验，用热销的小批量产品作为试验品。在当时，海外仓的定位也仅仅是能够提供当地发货服务而已，因此，LT公司把价格看作最重要的因素。当时"出口易"给出的报价与从中国直接发货的费用基本持平，很快LT公司便决定使用"出口易"作为其第三方海外仓的服务商。但是随着销售部给出的海外仓备货SKU越来越多，订单量显著增加，"出口易"出现了质量和服务等问题，并且"出口易"价格开始上涨，LT公司不得不重新考虑新的第三方海外仓服务商。

同时，LT公司亚马逊平台的销售业务也在持续上涨，当时亚马逊平台拥有了比较成熟的FBA海外仓，在全球各地都设立了物流仓库。如果在亚马逊平台使用其FBA仓，既能解决海外仓的问题，又能增加产品的流量和提升搜索排名。而且FBA仓也可以接受一些平台外的订单，虽然价格高一些，但是服务质量能够得到保证。由于LT公司在美国站销售的产品客单价较高，使用FBA仓是非常好的选择。但是随着LT自营站的快速成长，单价较低的产品订单数也在不断增加，而FBA仓并不适用于客单价较低的产品，会导致运费过高，从而降低利润率。因此，LT公司为了客单价低的产品引进了新的第三方海外仓服务商——Newgistics，此时公司在美国站就拥有了两个海外仓，形成了优势互补。

而后LT公司的销售量逐年增加，物流成本却没有因为订单量的增加而降低。第三方海外仓已经无法满足LT公司的订单量需求了，公司的海外仓战略转而投向了自建仓。自建仓的好处在于可以自行选择合适的当地物流服务商，订单量越大，物流成本也会随之降低。自此LT公司在美国站结束了第三方海外仓战略，调整为自建仓与FBA仓相结合，极大地降低了物流成本。

（二）欧洲海外仓历程

LT公司欧洲海外仓的起步是其在美国结束与"出口易"的合作并转向"FBA仓＋第三方海外仓"模式的时候。在有了美国海外仓的经验和教训之后，LT公司毅然决然地选择了FBA仓作为欧洲站的初次海外仓试验，但是依然碰到了美国FBA仓所遇到的难题，客单价低的产品无法适用FBA仓。之前在美国LT公司的解决办法是另寻合适的第三方海外仓服务商，但此时这种办法显然不适用于在欧洲的情况。当时LT公司在欧洲站的销量已经很高了，大部分第三方海外仓服务商已经无法满足LT公司的发货需求，所以LT公司开始了自建仓项目。仓库地址选在波兰，这里地广人稀，租金便宜，人工成本也不高，政府提供了很多优惠政策，具有极大优势。之后LT公司在欧洲站便形成了"FBA仓＋自建仓"的格局。

三、中国跨境电商企业海外仓模式选择建议

从LT公司的海外仓历程来看，以上三种海外仓模式各有利弊，适用的企业类型也不相同。

（一）亚马逊FBA仓模式选择

亚马逊FBA仓因其投入低、操作简单的特点，适用于刚开始运营跨境电商的企业、缺乏知名度的跨境电商中小企业以及销售耐用消费品的跨境电商企业。刚开始经营跨境电商的企业缺乏经验和人才，前期出货量较少，使用FBA仓可以降低风险，增加便利性。缺乏知名度的跨境电商中小企业可以借助亚马逊这一平台的优势宣传产品，同时也能拥有专业化服务。销售耐用消费品的跨境电商企业使用该海外仓模式，可以定期采用定量运输的方式来供货，从而降低仓储成本。

（二）自建海外仓模式选择

自建仓更适合品牌知名度高且经营消耗品的企业、制定了本土化经营战略

的企业以及经营特殊产品的跨境电商企业。消耗类产品需求大，客户追求时效性，使用自建海外仓不仅能提高时效性，还能依靠规模效应降低仓储成本。本土化经营的企业采用自建仓是最好的选择，企业拥有足够的人力资源和运营经验，设立自建海外仓库可以满足企业全球化战略的需要。因为其他的海外仓模式对产品特性有一定的要求，限制了特殊产品对海外仓模式的选择，但拥有自建海外仓就可以完美地解决这个问题。经营特殊产品的企业可以通过自建海外仓提高经营自由度，实现海外仓储定制化。

（三）第三方海外仓模式选择

国内的第三方海外仓目前还不够完善，没有统一的质量标准，所以比较适合有一定知名度、产品销量大的中型跨境电商企业。这类企业比较看重海外仓的发展水平和配送成本，企业本身产品销量大，也负担得起第三方海外仓的物流成本。同时，通过第三方物流服务商可以提升物流服务水平，提高知名度，提升销量。

（四）合建海外仓模式选择

除了以上三种模式，还可以选择和其他企业共同建立海外仓。这种模式更适用于中小型跨境电商企业，此类企业规模不大，若与其他企业合作设立海外仓，既能分摊建仓成本，又能相互借鉴学习。例如大举进军俄罗斯婚纱市场的大龙网，便是一个成功的案例。大龙网与俄速递在俄罗斯联合建立海外仓，双方都是首次尝试，但是成效不错，还吸引了其他企业共同合作。大龙网建立海外仓后，缩短了配送时间，此前定制婚纱需要45～60天才能到达，而现在最长也只需要25天的时间，效率大大提高。此外，大龙网还对海外仓的订单进行全程跟踪，方便客户获取信息，为客户提供本土化的售后服务。这种新型的物流模式，不仅提升了产品的销量，也能为客户提供更优质的服务。

当前跨境物流行业还存在很多不足，海外仓的出现成为跨境电商新的突破口，解决了很多传统跨境物流难以解决的问题，使时效、成本、清关等问题不再是跨境电商企业的痛点。如今随着跨境电商行业的迅猛发展，跨境电商企业对海外仓的需求也日益增加。因此，选择合适的海外仓对企业来说更是如虎添翼。

第七节 跨境电商海外仓发展对策

一、多方协同处理积压产品

商品上架了却卖不出去,只能堆积在仓库,从而支付更多的仓储费用,还会影响二次销售。对于货物囤积的问题,一般会有以下几种处理方式:第一种是销毁,那些快过保质期的或者价值低的商品,二次销售的成本比货值更高,因此选择将其直接销毁;第二种是转让,有的货物,卖家不愿意花太多时间和金钱管理,会低价直接转让给愿意接手的第三方;第三种是海外分销,就是通过授权第三方卖家来分销货物,这样可以扩宽销路,这是很多工厂处理滞销货物的一种有效方式。无论是哪种处理方式,海外仓都会向卖家收取一定的服务费。

此时,海外仓服务商可以给跨境电商卖家提供一个海外仓数据信息共享平台,海外仓服务商在此平台上发布滞销产品的相关信息,并与其他海外仓服务商、跨境电商卖家、代理商、分销商、经销商、零售商、批发商、留学生等其他第三方协商确定产品的销售价格、销售提成、物流运费等相关信息,然后第三方可在其承受能力范围内选择海外仓共享平台上发布的滞销产品进行二次销售。这种通过多方合作,共同处理滞销库存的方式,可以把积压产品迅速地推销出去,虽然这样卖家无法获得与初次销售一样的利润,但与低价抛售和销毁这样的处理方式相比,其亏损的程度较低甚至还可能得到一定的利润。

二、加强海外仓数智化建设

(一)海外仓数智化建设是大势所趋

在海外仓管理的人力成本愈发高涨之际,海外仓服务商也不得不另辟蹊径以达成降本增效的目标。数字化和智能化发展是海外仓提高服务能效的重要措施。

相比于传统的海外仓模式，智能仓可以实现对数据的实时管控，助力卖家突破距离远、管理难的客观限制，卖家在报价、预订、对账等阶段都可得到更多、更清晰的参考数据。更重要的是，它可以大幅度降低对手动操作的依赖，从而有效降低人力成本。

多渠道卖家逐渐成为跨境电商行业里不可忽视的一股力量，其对海外仓服务也提出了更高的要求。若想在海外仓行业占有一席之地，企业必须实现更快速、更精准的智能化配送和提供更精细的数字化服务，提高产品的复购率。

随着海外仓企业越来越多，服务同质化越来越严重，海外仓如果单是比拼仓库面积是难以在竞争中脱颖而出的，海外仓企业需要更注重服务效率和客户体验的提升才能赢在未来。出海的大趋势下，随着市场的推进、政策的加持，我国海外仓建设明显加快，数量也不断增加。由于深入全球贸易链条中，与国际物流巨头的竞争将不可避免。要与全球物流巨头争锋，取得国际物流的话语权，海外仓企业就必须走数智化的高科技之路，把打造海外物流智慧平台作为海外仓建设理念的重要部分，实现更智能、更高效的管理，以获得成本和效率的优势，进而在竞争中赢得先机和主动。

因此，不难看出，未来海外仓发展的难点不是"建仓"，而在于"管仓"，也就是如何实现对海外仓的数智化管理。

（二）机器人海外仓的应用

2019年，万邑通决定对美国仓库内2万平方米的存储区域进行智能升级。经过严格的测试及综合实力评估，万邑通以机器人租赁的方式引入极智嘉智能物流机器人，实现智能拣选作业和智能仓储管理。由此，全国首个跨境出口超级机器人海外仓——万邑通美国肯塔基仓正式落地。仓库拥有将近300台智能拣选机器人，机器人的应用使仓库的拣选效率提高200%，存储能力提升100%，拣选准确率高达99.995%，成功降低了仓库操作中的丢件率、失误率，解决了招工难、用工贵等问题，提高了存储密度、仓库库容率，从而降低了仓储成本。

再如，Quick Pick海外仓的使用，与人工拣选仓相比，存储空间利用率提高60%以上，拣货效率提高3~4倍；与普通"货到人"AGV拣选模式相比，单站拣货效率提升1倍；能够实现一个巷道多台车同时高密度作业，单巷道产能是目前行业平均水平的5倍以上。

（三）海外仓数智化的具体要求

第一，灵活、熟练、准确地运用各种智能设备，提高仓库管理效率、有效降低人工成本。比如，自动配货打包机器人、自动化立体库堆垛机、自动轻型物件分拣机等。

第二，打造自动化的传输、分拣线。在仓内集成各类自动化设施，设计自动化仓管方案，实现全自动流水作业。

第三，进行智能分仓。设计解决方案，为卖家评估最优分仓比例，测算全程物流成本。比如，高低搭配，异仓异储。不同地区的购物习惯影响着不同仓储的库存，比如无锡的酱油和糖、德国的香肠和酸菜；而不同的产品也影响着不同的存储搭档，如衬衫和纽扣、数码和配件等。

全球AMR引领者极智嘉（Geek+）发布数据称，2021年"双11"期间，极智嘉RaaS智能仓在数十万平方米的机器人仓群内累计发货超2000万件，同比增长超50%，发货及时率达100%、发货准确率超99.99%，发货效率是人工仓的2倍，成功助力众多入仓品牌从容应对全球最大购物节的订单洪峰挑战，真正为客户创造价值。由此可见，老式仓库已远落后于数字化时代的要求，人工管理效率低，缺货、爆仓成为大多数仓储物流管理的痛点。

三、协调海外仓及其上下游产业发展

海外仓与其关联产业应协调发展、合作共赢、资源互补。首先，应鼓励海外仓与跨境电商平台对接，彼此相互配合、深度合作，积极充分地行使自己的权利并严格履行应尽的义务；其次，国内依据海关试点结果，进一步优化跨境电商产品通关流程，提高通关效率，降低通关成本，创新监管方式，可将清关工作外包给经验丰富的专业物流团队；再次，尾程配送建议优先选择与行业内具有良好口碑、业务能力专业扎实的快递公司合作，必要时可选择自己创建"最后一公里"尾程配送的专业队伍；最后，提高金融服务水平，海外仓企业应深化同信保、商保的深度战略性合作，为卖家提供信用担保融资，以及企业资产、负债、信誉评估等服务，降低贸易风险，同时海外仓作为第三方应为消费者的合法权益提供保障。

四、推动海外仓智慧化转型升级 →→

首先，推进海外仓智慧物流建设。2022年3月1日，商务部部长王文涛在新闻发布会上表示，商务部将加大力度支持海外仓发展，建设完善海外仓网络，推进海外智慧物流平台建设。借助大交易数据、大感知数据、大交互数据打造智慧物流系统，在海外仓运作的全过程中融入大数据分析，通过对大数据进行分析来提高跨境电商海外仓各作业阶段的准确性。

其次，实现海外仓智能化管理。目前在海外仓的库存管理过程中，大多数日常作业流程均需由人力劳动完成，如入仓上架、拣选库存货物、组装及包装、出仓配送等，因此需要投入大量的时间成本及人力成本。而借助大数据实现海外仓的智能化管理不仅可以进一步提高海外仓管理效率，还可以相应减少对人力资源的需求，在一定程度上可以有效地控制跨境电商企业海外仓的管理成本。

最后，降低滞销库存。借助大数据系统，跨境电商企业可以更好地控制滞销库存带来的损失，通过大数据分析来提取相关国家或地区的消费者偏好、消费层次、市场供需现状等相关信息，预测目标市场的商品需求情况，根据预测的结果合理地配置商品、调整商品库存，从而提高商品周转率，降低库存成本，有效控制损失发生。

五、多方合作提高本土化运营水平 →→

海外仓企业若想扩大海外市场，实现长远发展，就必须站在目标市场消费群体的角度，满足不同国家和地区消费者的购买需求并努力迎合不同国家和地区消费者独特的消费习惯,从多方面提高本土化运营水平。

其一,要勇于转变思维方式,单一的、传统的国内运作模式已经不能适应跨境电商行业的发展,因此,海外仓企业需要尝试探索并建立契合目标市场需求的运作模式。可从基层的工作人员抓起,国外的劳动法规、生活观念与国内差异很大,因此需要在语言文化、传统风俗、法律法规、税收制度等方面对基层工作人员进行全面的系统的培训,为消费者提供更专业的更高质量的本土化服务。这样可以确保在日常销售运营活动正常开展的同时,提升消费者的购买体验,并且让每个岗位的海外仓工作人员,无论是海外仓经理还是海外仓客服、仓库管理员、销售专员,都能够充分了解本土化运营的良好执行效果及其重要性。

其二,要尊重各个国家和地区的风俗习惯,跨境业务是极为复杂的,要想完善海外仓服务的本土化建设,需要从以下几个方面入手:在电商平台的内容设置上,店铺首页、产品详情页的设计可以根据当地历史文化特色进行优化,与当地消费者的审美标准相吻合,吸引当地消费者的眼球;在本土化语言的培训上,对工作人员定期开展多种形式的、一对一的辅导教学培训并进行测试以检验学习成果,有较强语言沟通能力的人员可以选为一线客服人员和宣传推广专员;在选择何种支付方式上,为了减少顾客因支付不便而产生排斥和厌恶心理,应尽可能采用当地人熟悉的便捷支付手段;在产品包装和加工组装上,可采用当地常见的包装方式和包装设计,并附上提前制作的当地语言的说明书。

这是一个资源互补、合作共赢的时代,海外仓本土化的服务建设是极为复杂的且工作量极为巨大,可以考虑与其他实力更强或相当的企业合作,共同组建海外仓运营团队,联盟企业可以对目标市场进行全面且深入的考察,将考察情况共享,并按照各个企业的优势进行分工合作,最大化地占领目标市场。同时,加强同东道国政府及其相关部门的合作,通过签订战略合作协议等途径保持同东道国的良好关系。

"单未下,货先行"的海外仓是当前及未来全球经济发展的需要,是跨境电商行业发展的需要,是提高跨境电商国际竞争力的需要。相关企业应针对海外仓发展过程中存在的主要问题,在新发展理念的指引及相关政策的扶持下,补足海外仓的短板,使海外仓从规模化经营向高质量发展迈进,作为跨境电商的重要支撑,为跨境电商行业的高质量发展贡献力量。

第三章
数字经济下跨境电商助推中国品牌出海的路径

近年来,随着全球物流行业的发展和数字经济时代的到来,跨境电商作为新型贸易业态迎来了良好的发展机遇,已经成为国际贸易的新势力,并且对于拓宽海外销售渠道,在国际市场上提升我国品牌竞争力,实现我国对外贸易的转型升级也具有重大意义。

伴随着全球化的发展,中国品牌对国际市场的影响越来越大,已经成为一个不容忽视的存在。在全球贸易中占据重要地位的跨境电商已经成为其中不可缺少的重要通道。根据海关总署公布的数据,2023年我国跨境电商进出口总额2.38万亿元,同比增长15.6%。其中,出口1.83万亿元,增长19.6%;进口5483亿元,增长3.9%。参与跨境电商进口的消费者人数逐年增加,2023年达到1.63亿。中国品牌进入国际市场的业绩已越来越受到瞩目。伴随着国家"一带一路"倡议的实施和国际物流体系的完善,中国品牌海外发展面临新机遇。然而,在涉足海外市场之际,中国品牌依旧面临着多重挑战,包括但不限于语言和文化的差异、品牌认知度的不足等问题。尽管一些学者已经对跨境电商和中国品牌出海的相关问题进行了探讨,但大多数研究仍停留在理论层面,缺乏实证研究的支持。我们应深入探究跨境电商对中国品牌拓展海外市场的影响和作用,以便为中国品牌在全球市场上的进一步发展提供更为具体的建议。

第一节 研究综述

一、国外文献综述

Wang 等（2022）结合跨境电子商务贸易、产业集群管理、协调发展、可持续发展等理论，探讨了跨境电子商务贸易与产业集群协调发展路径问题，通过揭示跨境电商贸易与产业集群可持续协调发展的内在科学规律，提出促进跨境电商贸易与产业集群可持续协调发展的相关建议。Fan 等（2022）构建了跨境电子商务品牌的国际化评价指标体系，并指出该指标体系有助于提高品牌的可持续发展能力，进而带动企业品牌国际化的可持续发展。作为跨境电商企业创新发展过程中的重中之重，品牌国际化是实现跨境电商企业更长远、更稳定发展，在竞争激烈的市场中保持一席之地的关键手段。Zhao 等（2022）表示在互联网快速发展的背景下，跨境电子商务的兴起无疑为国产品牌的国际扩张创造了千载难逢的机遇，跨境电子商务重塑了对外贸易方式。他们首先对跨境电子商务产业发展现状进行审视，其次对跨境电子商务的影响因素展开调查与分析，最后给出了配套政策建议。

上述文献研究了跨境电商在发展进程中所面临的问题和跨境电商不断发展引发的品牌国际化相关问题。基于上述文献，可对跨境电商助推品牌出海的路径、机遇及挑战进行更为深入的讨论。

二、国内文献综述

目前国内学者对于跨境电商与品牌相关课题的研究主要有以下几个方面。

一是关于对外贸易模式。邵飞春（2022）表明我国跨境电商在世界市场中日渐活跃，已经成为我国对外贸易的重要模式之一，并针对跨境电商模式发展现状及现存问题进行了详细分析，为制定跨境电商模式优化发展策略提供了依据。

二是跨境电商发展的现实问题。陈德慧等（2022）提出了跨境电子商务企业品牌国际化运营的必然结合，以跨境电子商务品牌海外基准企业为例，总结了品牌国际化运营的理念和策略，深入分析了品牌国际化运营，进一步总结了品牌国际化运营对中国跨境电子商务企业的启示，为我国跨境电子商务企业品牌的国际化运营提供了有益的参考和借鉴；同时也指出，虽然越来越多实力雄厚的中国企业走向全球化，中国国际品牌数量稳步增加，但国际品牌数量仍与中国经济规模不成比例，品牌全球影响力与发达国家品牌相比差距较大，中国高质量品牌建设还有很长的路要走。

三是中国跨境电商机遇和挑战并存。郑小莹（2019）明确提出影响中国产品品牌化成为跨境电商下一个蓝海的两大因素是平台政策引导和企业发展需要，希望为跨境电商推动中国品牌出海做出更多的探索和帮助。曾国庆（2022）指出中国品牌能否全面进入全球市场，国内各类跨境电商企业需要尽快形成中国品牌出海意识，积极参与"一带一路"建设，推动国际国内经济双循环，积极输出国内过剩产能，提供乡村振兴新方案，让中国产品，尤其是中国农特产品走向世界。

从以往的研究成果可知，品牌培育是跨境电商高质量发展的难题。其一，中国跨境电商的出口主要集中在低价值商品上，其中大部分为中小企业。近年来，中国跨境电商的出口类别主要集中在电子产品、服装、家居、园艺和户外体育等领域，且多为日常低值消费品。与此同时，产品出口以中小企业为主，品牌建设意识薄弱，品牌建设能力不强，致使我国跨境电商发展的持续性不强。其二，跨境电商企业品牌化建设的渠道成本上升。目前，中国跨境电商输出企业的海外营销渠道仍然以谷歌和 Facebook 为主。2022 年，Facebook 的营销成本同比增加了 40%，谷歌上购买流量的成本同比增长了 40%～60%。随着海外营销费用的逐年增加，我国跨境电商品牌培育难度将进一步提升。

第二节
中国跨境电商发展现状

一、跨境电商平台竞争加剧

虽然全球跨境电商的市场规模不断扩大，但是行业内的发展不平衡。当前，美国、英国、日本等发达国家的跨境电商市场已经比较成熟，而发展中国家的市场还处于起步阶段。2023年中国跨境电商步入品牌出海的黄金时代，随着更多跨境电商第三方平台的出现，包括很多海外本土电商平台对中国卖家开放，将加剧各大跨境电商平台间的竞争，跨境卖家逐渐有了更多的选择。

随着国内市场的不断扩大，跨境电商之间的竞争也变得越来越激烈，各大电商平台和自营商家为了争夺市场份额，纷纷推出各种优惠政策和服务，以争夺市场份额。由于市场份额集中度较高，极少数的平台占据了绝大部分的市场份额。同时，随着电子商务发展水平不断提高，越来越多的用户开始选择通过互联网进行交易活动，从而促进了跨境电商行业快速发展。亚马逊、eBay、Wish、AliExpress等电商平台在全球跨境电商市场上占据了主导地位。随着市场份额的高度集中，不同平台之间的竞争也变得更加激烈，这些平台之间相互角逐，以吸引更多商家和消费者。

在市场竞争日益加剧的大环境下，跨境电商新兴平台层出不穷，给商家带来了空前的发展契机。中国的跨境电商市场中，拼多多已经崭露头角，成为一股备受瞩目的新兴竞争势力。这些新兴跨境电商平台不断增加其服务种类并推出许多新颖性的产品和服务，以吸引用户。为了更好地吸引商家与消费者，部分平台开始利用独有的特点与差异化竞争策略来增强竞争实力。此外，部分平台也认识到只有有效地结合不同种类产品才能够为自己争取更多市场份额。有些平台可能会专注于特定商品类别或地区，以提供更加专业和多样化的商品选择和更加优质的购物体验。还有的平台则是利用用户之间的信任关系或者其他社交网络进行宣传推广，以增加流量。平台为了吸引消费者和商家，采用了多种营销和促销手段，如折扣、优惠券等，以提高销售额和市场份额。

二、中国跨境电商市场规模不断扩大

2023年，中国跨境电商行业经历了前几年的高歌猛进，进入了调整和转型时期。与此同时，国家对跨境电商的发展也给予了高度关注。近年来，跨境电商已经成为支撑"外循环"发展的重要引擎，跨境电商发展推动着整个产业链条的变革，跨境电商所代表的贸易数字化转型对贸易和产业都会产生深远影响。

数据显示，2018—2023年中国跨境电商行业渗透率分别为29.5%、33.29%、38.86%、36.32%、37.3%、47%。跨境电商行业渗透率与产业发展和传统外贸增长相联系，整体上渗透率稳步提高。当前独立站模式为跨境电商企业提供了更加丰富的渠道选择，同时也拉动了产业的规模扩大。从进出口结构上看，2022年中国跨境电商的出口比重为77.25%，进口比重为22.75%。跨境电商进出口结构整体较为平稳，但随着进口市场的不断扩大，市场占比也将不断提升。从模式结构上看，2022年中国跨境电商的交易模式中跨境电商B2B交易占比达75.6%，跨境电商B2C交易占比为24.4%，其中B2C交易占比持续增长。近年来，跨境电商零售模式发展迅猛，政策助力等也带来了跨境电商中零售模式占比的提升。从用户规模上看，2022年中国跨境电商进口用户1.68亿人，比2021年的1.55亿人增长了8.38%。在国内消费升级的背景下，跨境电商零售进口商品清单会得到进一步的优化，海外商品的可选择性会提升，海淘的用户数量会相应增加。

三、中国跨境电商进出口贸易增长迅速

近年来，跨境电商业务因其在线营销、在线交易、无接触交付等行业特点，受到国际贸易市场的普遍欢迎。2018—2023年我国跨境电商进出口额从1.06万亿元增长到2.38万亿元，在"量"大幅增长的同时，也实现了"质"的

有效提升，越来越多中国制造的商品通过跨境电商进入国际消费品市场。海关数据显示，2023年，我国货物贸易进出口总额41.76万亿元，同比增长0.2%；跨境电商进出口总额达到2.38万亿元，同比增长15.6%。其中，跨境电商出口1.38万亿元，同比增长19.6%；跨境电商进口0.5483万亿元，同比增长3.9%。跨境电商凭借模式新、应变快、成本低等特点，正在成为推动我国外贸稳规模、优结构的一种重要方式。

四、中国品牌在跨境电商平台上的表现不断提升

中国品牌在跨境电商平台上通过不断提高产品质量、优化品牌形象、提升消费者体验，已经成为平台上的重要合作伙伴。

亚马逊是全球较大的跨境电商平台之一，中国品牌在该平台上的表现不断提升。根据亚马逊公司公布的数据，2023年，亚马逊平台上销售额超过100万美元的中国卖家数量同比增长超过25%，销售额超过1000万美元的中国卖家数量同比增长接近30%，中国企业已成为亚马逊平台的重要合作伙伴。近年来，在亚马逊平台上完成品牌注册的中国卖家数量迅猛增长，中国卖家将打造品牌视为企业实现长远发展的基础。根据亚马逊2021年一项对卖家的调研，75%的中国卖家对在亚马逊上创建和提升品牌充满信心。此外，中国卖家亦越来越重视品牌的多站点布局，亚马逊全球站点内14%的中国品牌已经在超过5个国家或地区拥有注册商标。亚马逊还为中国品牌提供了多种服务，如海外仓储和配送服务、广告投放服务、品牌保护和维权服务等，帮助中国品牌更好地开拓海外市场。

eBay是全球跨境电商平台中历史较为悠久的一家，也是中国品牌的重要合作伙伴之一。根据eBay公布的数据，中国品牌在eBay平台上的销售额不断增长，特别是在欧美等市场，表现尤为突出。eBay也为中国品牌提供了多种服务，如海外仓储和配送服务、品牌推广和营销服务、数据分析和市场研究服务等，帮助中国品牌更好地了解海外市场的需求和趋势，提高产品的本地化适应性和市场竞争力。

未来中国品牌还需要继续加强对海外市场的了解和适应，不断优化产品设

计和市场定位,提高品牌的本地化适应性和竞争力,以获得更好的表现和更大的市场份额。

第三节 中国品牌出海优势

一、全球化的销售渠道

(一)降低市场进入门槛和成本

跨境电商平台为品牌提供了一种更加便利、高效的进入海外市场的方式。相比传统的海外市场进入方式,使用跨境电商平台可以省去大量的市场调研、渠道拓展、产品适配等工作,这些工作通常需要大量的人力和财力资源。而在跨境电商平台上,品牌可以直接利用平台的资源和服务,快速地建立自己的品牌形象和销售渠道,大大降低了市场进入门槛和成本。

(二)充分利用平台的流量和用户资源

跨境电商平台拥有庞大的用户群体和流量资源,这为品牌在海外市场中开展业务提供了非常重要的支撑。通过平台的广告投放、SEO优化、社交媒体等方式,品牌可以更好地吸引海外消费者,提高品牌知名度和曝光率。同时,跨境电商平台也为品牌提供了多种营销工具和服务,如优惠券、促销活动、品牌推广等,帮助品牌更好地与消费者互动和沟通,增强品牌影响力和用户黏性。

(三)实现全球化的销售渠道

跨境电商平台的一个重要优势是可以连接全球消费者和品牌,为品牌提供全球化的销售渠道。品牌可以利用跨境电商平台面向全球消费者销售商品,无须在每个海外市场建立分支机构或代理商，从而降低了海外市场管理和运营的成本和风险。

二、跨境电商平台的数据分析和市场研究功能 →→

跨境电商平台提供了各种数据分析工具，如销售报告、流量分析、用户行为分析等，可以帮助品牌更好地了解海外市场的需求和趋势。品牌可以通过分析海外市场的销售数据、消费者行为、竞争对手等信息，优化产品设计和市场定位，提高产品的本地适应性和市场竞争力。

跨境电商平台还可以为品牌提供海外市场的市场研究和分析报告，为品牌的决策提供数据支持。平台可以通过问卷调查、用户反馈等方式，了解海外市场的消费者需求、市场趋势、竞争对手等信息，为品牌提供有针对性的市场研究和分析报告，帮助品牌更好地了解海外市场的情况和趋势，制定更加科学的市场策略。

通过数据分析和市场研究，品牌可以更加科学地了解海外市场的需求和趋势，从而制定更加准确和科学的市场策略和产品规划；及时调整和优化市场策略，以适应海外市场的变化和发展；更好地了解海外市场的需求和趋势，从而优化产品设计和市场定位，提高产品的本地适应性和市场竞争力；制定有针对性的市场推广和营销策略，提高品牌知名度和曝光率，增强品牌影响力和用户黏性，从而提高品牌在海外市场的竞争力。

三、知识产权赋能品牌出海 →→

在跨境电商贸易规模快速扩大的同时，出海企业也面临巨大的知识产权风险。中国知识产权研究会发布的《2022年中国企业在美知识产权纠纷调查报告》显示，中国企业2022年在美知识产权诉讼新立案共986起，较2021年增长14.39%，其中涉及跨境电商领域新立案共559起，占全年新立案数量的56.69%。随着跨境电商不断发展，中国电商卖家要面临的知识产权风险也会增加。跨境电商领域的相关从业者要提高海外纠纷风险防患意识，从海外知识产权布局及保护等多方面着手增强企业海外风险应对能力。

目前，在跨境电商领域中，知识产权纠纷主要集中在跨境电子商务网站上出售的商品以及提供在线服务和交易信息等方面。一些跨境电商企业对知识产权的认识不到位、不重视，管理规范不严谨，或者虽然知道相关法律知识和规定，但是由于没有经过正规培训或学习，在实际经营中仍然会采用不恰当的方式来规避知识产权方面的法律风险。有些跨境电商企业尽管对于知识产权的保护已有所了解，但对于所售产品是否存在侵权行为，缺乏明确的认知和判断。也有少数跨境电商企业对自身知识产权保护不足，导致经营过程中出现了许多不正当竞争行为。

为了应对这一现象，政府正致力于加强跨境电商的知识产权保护，并采取了多种治理措施，以确保其有效性和可持续性。为了避免遭受被动打击，政府出台相应政策鼓励和支持跨境电子商务发展，为企业创造良好的营商环境，营造有利于知识产权创新应用的氛围。跨境电商企业应当高度重视并审视自身的知识产权现状，并在条件允许的情况下制定一系列的知识产权战略文件，以确保企业的知识产权得到有效保护。

近几年，中国的品牌方越来越有品牌保护和知识产权保护意识，并且采取了行动来保护自己的品牌，例如对企业的独立知识产权状况进行全面调查，包括对申请、授权或可能使用的知识产权数量和分布的了解；客观分析企业的社会竞争环境和行业的市场环境，深入了解同一行业知识产权的整体发展水平、技术进步和未来发展前景，及时跟踪行业知识产权的发展趋势，识别潜在的知识产权威胁。

第四节　跨境电商助推中国品牌出海的路径

一、建立品牌形象和文化

回溯历史长河，中华民族从来不乏闪耀于世界之巅的品牌，中国国家品牌从来不缺融合于世界文化的魅力,汉唐丝绸、宋元瓷器、明清茶叶等都曾牵引异域文明对中华文化的向往之心。回望当下"我们比历史上任何时期都更接近中华民族伟大复兴的目标"的新时代,我们更应增强文化自信,打造中国品牌,以中国优秀品牌为载体,讲好中国故事,传播好中国声音,推动中华文明更好走向世界。

(一) 品牌定位

在跨境电商行业,卖家需清楚品牌定位才能建立品牌形象与市场地位,因此跨境电商品牌定位非常关键。为了让消费者更容易理解和购买,卖家需要将品牌定位于一个特定的消费群体,以确保品牌能够更加精准地定位。通过社交媒体进行品牌传播是一种重要方式,通过充分利用社交媒体平台,积极推广自己的品牌,定期发布并宣传产品,同时分享行业观点、热点趋势和新闻报道等,以展现品牌的行业洞察力和影响力,从而吸引消费者的目光。此外,跨境电商卖家还可定期举办多种活动,如产品试用、礼品抽奖等,同时发布活动报告,以彰显品牌形象,吸引更多消费者的关注。

(二) 品牌名称和标志

企业需要选择适合自己的品牌名称和标志,以形成独特的品牌形象。品牌的独特之处应当在其标志中得到凸显,以彰显其与众不同的特质。在设计品牌标志时,要考虑企业的形象定位。整体设计应当简洁明了,易于识别和记忆,要与其他品牌标志区分开来,并且能够传达出明确而又深刻的信息,这样才能给人留下深刻印象。最重要的是,品牌标志必须能够唤起顾客内心深处的情感共鸣,这不仅有助于提高顾客对品牌的忠诚度,同时也与企业的品牌形象和文化相得益彰。为了适应不同的跨境电商平台,企业可以设计多种版本的品牌标志,以适应不同的屏幕尺寸和分辨率,从而提高用户体验。

(三) 产品设计和包装

在跨境电商行业中,产品的外观设计是一项至关重要的任务,它直接关系到产品的整体形象和市场竞争力。产品包装不仅能给产品加分,还能让购物者对产品有一个好印象。精心设计的产品包装可以有效地增加销售量,同时也可以产生品牌推广的效果,使购物者对于所购物品有较高的信任度与满意度。

确定目标受众也就是明确产品目标市场,产品包装应围绕目标受众的需求与品位来设计。例如,欧美消费者更愿意选择纯色或者极简的设计风格,亚洲消费者更关注颜色的多样性及设计中的细节。强调品牌形象并把品牌特色渗透于包装设计全过程,使购物者从包装上感知品牌特色与核心价值并提升购买意愿。

(四)品牌文化

作为一种文化载体,品牌不仅是企业精华的凝聚,更是贯穿于整个品牌经营过程中的全方位观念、意愿、行为规范以及群体风格的体现。中国企业通过对本土文化与历史的发掘和传承,能够将产品品牌的眼光延伸至文化的整体领域,赋予产品特有的文化内涵与品牌价值。只有当品牌所包含的文化和消费者所归属的文化相契合时,企业才会获得消费者对于本品牌的认可,消费者和品牌之间才会产生共鸣,他们才会接受文化和品牌。品牌竞争激烈时,品牌所蕴含的文化内涵就成了品牌的象征与灵魂,起到了营销的巨大作用。

二、选择适合的跨境电商平台

在选择平台时,首先需要考虑平台所覆盖的范围。随着电商时代的兴起,消费者对于产品的外观设计提出了更为苛刻的要求。包装设计作为产品与平台用户之间沟通的重要方式之一,对用户购买行为有着非常大的影响。不同平台所带来的影响和覆盖范围因地域差异而异,呈现出多样性。一般来说,平台应该具备一定的覆盖范围,并且能够提供多样化的服务。跨境电商平台的选择取决于商家对产品属性和目的地市场的深入了解。此外,平台还应该具有一定的专业性。商家若想将产品推广至美国市场,亚马逊或 eBay 为上佳之选,而法国的 Cdiscount 或德国的 OTTO 等平台则更适宜在欧洲市场推广。商家可根据其产品面向区域的不同,选择覆盖范围更广泛或更专业的平台,以满足其市场需求。

其次，在选择平台时，口碑的优劣也是一个至关重要的因素。消费者对平台的口碑感知与他们对平台的信任程度有关。为了了解平台的市场知名度和用户评价，商家可以利用网络媒体报道或社交媒体上的用户反馈来获取相关信息。良好的口碑对平台上的产品或服务有一定的推荐作用，从而促进其销量增长。商家在平台上的信誉度和销售业绩直接受到平台口碑的影响，因此，口碑的好坏是至关重要的。另外，平台的口碑还与平台的服务有一定的联系。

此外，在做选择时，平台制定的政策也是一个需要考虑的重要因素。商家有必要了解平台的政策，包括对商家的审核标准、对产品的管控规范及对违规行为的惩罚力度等方面的信息。在选择平台时，要充分考虑自身产品的特点及消费者的需求情况等多方面因素。商家需根据其产品的特性及目标市场的相关政策，斟酌选择最适合自身需求的平台。对于一些特殊情况下的商品，可以考虑使用特定的平台进行交易，以避免造成不必要的损失。如果商家的主要销售产品是食品或保健品，那么在选择平台时，需要考虑平台对产品质量和安全的要求和标准，以确保消费者的健康和安全。

商家必须认真考虑平台的服务质量，这是一个至关重要的因素。平台的客服、发货配送、商品配套服务等，是商家需要深入了解的重要领域。平台的功能还可以让商家获得更多的利润，比如，在销售产品时可根据客户需求进行定制化开发，为客户量身打造个性化服务，从而提升销量等。平台为商家提供了及时的支持，帮助商家克服使用过程中的各种问题，比如平台上的商品信息更新不方便、售后人员的服务质量不好等都可能造成商家的损失，影响商家的发展。一个优质的平台，能够提供全方位的服务保障，以让商家的售后服务和用户的体验感得到充分保障。

三、加强品牌推广和宣传

企业应综合运用以下手段进行品牌推广和宣传。第一，运用传统媒介进行传播。传统媒介，如电视广告、广播收音、杂志内容等，借助宣传新闻的手段，能够向更广泛的目标客户传递企业品牌的信息，从而提升其知名度。第二，运用社交媒体平台进行互动。社交媒体平台，如微信、微博、论坛等，为企业提供了快速、高效的品牌推广和宣传渠道，能有效地将品牌信息传递给更多潜在客户，从而提升品牌知名度和影响力。第三，利用搜索引擎营销。搜索引擎营销又称 SEO 营销，它通过对网站关键词进行优化，使企业能够在搜索引擎搜索结果上取得较高排名，以吸引更多潜在客户并提升品牌知名度。第四，利用联盟营销。联盟营销是利用其他相关网站或机构的优势，将企业的品牌消息传播出去，从而提高品牌知名度和影响力。第五，利用互联网营销。互联网营销包括网络广告、网络推广等，可以有效地将企业的品牌消息传播出去，从而增加网络流量，促进企业的发展。

企业要根据自身实际情况，建立企业的社会形象和品牌口碑，综合运用上述方式，提升品牌知名度，将品牌形象和文化传递给目标客户，实现企业营销目标。

四、优化供应链和物流服务

随着中国电商企业海外市场的不断拓展，跨境物流服务也持续升级，助力中国品牌顺利"出海"。许多物流公司为海外"双11"网购提速，通过物流技术规模化应用与物流基建升级，实现全球7日达甚至5日达，助力商家实现大促单量增长。企业应加大基础设施建设投入，提高通关效率，优化物流、信息流通道，建立完善的海外仓服务体系，提高仓储及配送能力，提高自身竞争力，进一步推动跨境电商发展。

第一，建立信息化管理系统。基于云计算、物联网、大数据等技术，建立跨境物流信息共享和交流平台，实现对物流全过程的可视化监控，及时防范风险问题，保证每个环节都能高效运作，并且实时反馈信息让客户了解包裹的最新状态。

第二，加强供应链协同。建立良好的供应链协作机制，与海关、物流公司、仓储管理等各个环节进行有效配合，提高货运透明度和交流效率。打通各个环节，实现供应链协作，加强约束，加强各环节间的沟通。

第三，采用智能化技术，提升供应链效率。物流服务商可通过物流大数据、虚拟现实技术，提高供应链的协调能力，物联网和5G网络等技术则有助于供应链进行更加准确的跟踪与监控。另外，广泛使用智能设备还有利于提升机械化和自动化程度，进一步促进供应链效率的提升。

第四，强化人才队伍建设。物流人才在供应链中起着重要的作用，加强员工培训、提高专业素质、推动团队协同，能够有效提升物流供应链的各个环节。除此之外，还可通过组建跨部门、跨行业的团队，共同研究解决跨境物流领域的难点与问题，并逐步改进和完善供应链的体系，提升其效率。

第五，跨境物流企业还应认真考虑为客户提供优质的服务，进一步了解客户的需求，随时跟进客户需求的变化，保证所使用的供应链方案能满足每位客户的需求。

只有在持续改进的基础上提升供应链运营效率，才能在竞争日益激烈的跨境物流市场中获得更大发展。

跨境电商市场具有巨大的商业机会和发展潜力，中国品牌在这一领域中的发展也备受关注。通过建立品牌形象和文化、选择适合的跨境电商平台、加强品牌推广和宣传、优化供应链和物流服务等路径，中国品牌可以更好地在跨境电商市场中发展壮大。同时，政策和法律法规的逐步完善也将为中国品牌在跨境电商市场中提供更好的保障和支持。未来，中国品牌在跨境电商市场中的发展前景仍然广阔，需要不断提升自身实力和竞争力，以抓住机遇、实现更好的发展。

第四章
"一带一路"与RCEP生效为中国跨境电商带来的机遇与挑战

2023年是"一带一路"倡议提出的第十个年头,自倡议提出以来,我国大力出台优惠扶持政策,逐步建立跨境电商保税区,持续释放外贸增长新动能。商务部相关数据显示,跨境电商占我国货物贸易进出口比重从2015年的1%增长到2023年的5.7%。2023年6月,随着《区域全面经济伙伴关系协定》(RCEP)对菲律宾正式生效,标志着RCEP对15个签署国全面生效,全球最大自由贸易区开启发展新篇章。"一带一路"倡议与RCEP双轮驱动,为跨境电商带来重要发展机遇。

第一节 "一带一路"倡议内容概述

一、"一带一路"倡议的内容及战略意义

"一带一路"(the Belt and Road,缩写B&R)是"丝绸之路经济带"和"21世纪海上丝绸之路"的简称,2013年9月和10月习近平主席分别提出建设"丝绸之路经济带"和"21世纪海上丝绸之路"的合作倡议,旨在促进亚洲、欧洲和非洲之间的贸易和合作,构建一个开放、包容、普惠、平衡、共赢的经

济合作新框架。

"丝绸之路经济带"旨在通过陆上经济走廊的建设，促进我国内陆地区对外开放和统筹中西部平衡发展，加强沿线国家之间的经济联系和合作。通过加强基础设施建设、贸易便利化、产业对接等方式，促进贸易、投资、人员往来等多领域的合作，推动经济发展。"21世纪海上丝绸之路"这一概念强调海洋合作，通过加强沿海国家和地区之间的海上合作，促进贸易往来、海洋资源开发、海洋环保等方面的合作。倡议注重加强基础设施建设，包括交通、能源、通信等领域的互联互通。通过打通交通要道、建设跨境物流通道、提升能源互联互通等举措，促进各国之间的物质流动和信息流动，提升区域经济一体化水平。鼓励各国之间建立多层次、多领域的经济合作伙伴关系。通过加强政府间合作、企业间合作、区域间合作等方式，推动产业合作、项目合作、投资合作等，促进各国经济的互利共赢。

"一带一路"倡议是我国为了促进与沿线及周边国家经济合作发展的一项重大举措。它旨在通过增强沿线国家之间的相互交流，了解不同国家的特色资源，从而发挥各国的优势，达到资源最优配置的效果，最大限度地创造经济价值。"一带一路"建设可以有效地拓展跨境电商行业的发展空间，加强国际交流合作，为跨境电商行业的发展提供了重要的支持条件。

随着科技的不断进步，互联网技术得到迅速的发展，贸易摩擦事件时有发生，各生产要素的价格不断上涨。在多种条件的影响下，中国传统进出口贸易出现增速下降的趋势。与传统的进出口贸易相比，跨境电商减少了产品在中间商之间转手的交易环节，产品直接由生产商或贸易商寄到消费者手中，减少了产品在一层层分销过程中的销售成本，增大了利润空间。跨境电商属于零售模式，备货期较短，资金周转较快；同时选择的运输方式较为快捷，贸易周期较短，风险相对较小。随着跨境电商的交易额逐年上升，跨境电商行业的规模也逐渐扩大。"一带一路"倡议的实施，鼓励充分利用各国的优势资源，加强国家之间的经济合作交流，这为跨境电商的发展提供了重要机遇。

在实施"一带一路"倡议的背景下，跨境电商行业迎来了新的发展时机，中国如何抓住这次机遇，扬长避短，充分利用自身的优势条件，减轻自身的短板限制，增强国家竞争力，加快跨境电商的发展是值得思考的重要议题。

二、国内外研究现状

(一)国外研究现状

国外对于跨境电商的研究,主要指出要完善跨境电商的监管制度,注重保障消费者的权益,提升跨境电商平台服务质量,从而促进跨境电商的发展。Papis-Almansa(2019)指出跨境电子商务的增值税规则已进行了彻底的现代化改造,欧盟已设想采取进一步措施,为有效、公平、简单和防欺诈的电子商务交易征税奠定坚实基础。Bracamonte Lesma 和 Okada(2012)指出,从卖方和消费者的角度来看,与国内电子商务相比,跨境电子商务面对的是世界各国的消费者,需要针对不同的消费者的喜好进行营销,因此跨境电子商务的发展更加具有挑战,同时指出消费者在国外网站上的购买体验情况会直接影响到购买意愿等各种问题。Han 等(2019)指出跨境电子商务正在迅速成为国际贸易的一种新形式。在这一发展的背后,信息技术的发展在消费者信息方面起着至关重要的作用。Shao(2019)指出跨境电商平台亚马逊和阿里巴巴在市场策略、交付方式和支付系统方面存在差异。其中,政治因素和经济因素是导致它们产生这些差异的主要因素。Li 和 Wang 等(2019)指出跨境电子商务企业资源管理系统(ERP)负责管理、协调和优化供应链仓库的数量。在跨境电子商务 ERP 平台上,通过机器学习算法实现的产品销售预测和库存优化策略可以有效总结关键因素,利用销售记录大数据,使预测值、期望值符合实际值的基本趋势。机器学习算法具有良好的预测效果,提高了最佳库存均衡效率。

(二)国内研究现状

国内目前研究"一带一路"背景下跨境电商的相关课题主要指出"一带一路"倡议为跨境电商行业带来了宝贵的发展机遇,但跨境电商行业在自主品牌的建立、物流及行业监管等方面仍存在一定的问题。刘福祥(2019)指出"一带一路"建设为跨境电商发展创造了良好条件,在政府政策和相关制度上提供了巨大支持，也推动了我国跨境电商不断转型升级，但跨境电商发展还需要加快物流体系建设，加大行业监管力度。史雪然（2019）指出在"一带一路"背景下，发展跨境电商的劣势主要在于配套物流设施建设薄弱、跨境电商人才缺乏、跨境电商企业信息交流协作缺乏、监管体制尚未健全以及行业内竞争激烈等方面。从全国范围来看，"一带一路"倡议的实施，为跨境电商的发展提供了至关重要的时机，同时在物流方面和监管方面仍需要加强，以便为跨境电商的发展创造更好的条件，促进其快速发展。胡雨（2019）指出了在"一带一路"倡议下，湖南省跨境电商发展需要加强跨境电商人才培养，建立多种渠道物流，打造跨境电商自主品牌，进一步完善跨境电商平台各项服务功能，改善顾客的购买体验等，以促进湖南省跨境电商行业进一步深度发展。任伟、许鑫、刘丽娟等（2024）依据共建"一带一路"国家2009—2019年的数据，基于贸易引力模型，分析了贸易便利化对中国跨境电商出口的影响，结果表明贸易便利化的提高能显著提升中国跨境电商出口水平。

通过对国内外跨境电商行业的相关文献进行研究分析发现，从整体范围上研究跨境电商的文献已较为充分，但是，由于不同的地区发展跨境电商的区位优势及劣势差异较大，专门针对某一省市跨境电商发展的具体情况的研究相对较少。

第二节 中国与共建"一带一路"国家跨境电商发展与合作

数字贸易已成为国际贸易的重要组成部分，增速显著高于服务贸易和货物贸易，已成为推动世界经济复苏的重要动力。数字贸易可以分为以数字服务贸易为代表的数字交付贸易和以跨境电商为代表的订购贸易，数字服务贸易与电子商务互相促进。"一带一路"倡议提出以来，共建国家的数字服务贸易蓬勃发展，跨境电商正在成为推动中国与共建国家贸易和经济发展的新支点。

一、共建"一带一路"国家数字服务贸易和电子商务发展迅速

电子商务是传统货物贸易的服务化和数字化,其生态中的多项细分业务与数字服务贸易耦合,离不开生产型、知识型数字服务贸易的支持。"一带一路"倡议提出以来,跨境电子商务与全球数字服务贸易在相互促进中形成了快速发展态势。可以说,跨境电商的蓬勃发展离不开跨境支付等数字服务贸易的支撑;反过来,跨境电商交易快速增长,又为数字服务贸易提供了多元的场景和业务扩展空间。

十余年来,共建"一带一路"国家成为全球数字服务贸易快速增长的地区。世界贸易组织数据显示,2022年全球数字服务贸易规模达3.82万亿美元,同比增长3.9%,占全球服务贸易的53.7%。欧洲的数字服务贸易在全球一直居于领先地位,近几年仍占到53%的份额;亚洲数字服务贸易的全球占比持续提升,从2005年占全球份额的6.6%上升至2011年的20.5%,再升至2021年的25.6%。共建"一带一路"国家主要覆盖亚欧大陆,2021年中国与64个共建国家的数字服务贸易出口额达到8480亿美元,全球占比达到22.25%。其中,中国数字服务贸易出口额达到1948亿美元,占世界份额的5.11%,位居世界第五;印度和新加坡的数字服务贸易出口额分别为1851亿美元和1484亿美元,位居世界第六和第九位。

东盟、南亚和中东欧国家的数字服务贸易表现突出。2021年东盟数字服务贸易出口额达到2124亿美元,南亚为1929亿美元,中东欧为1187亿美元。南亚主要靠印度;东盟国家中新加坡居领先地位,菲律宾、泰国、马来西亚和印度尼西亚的发展程度接近;中东欧国家的波兰、罗马尼亚、捷克和匈牙利处于区域第一队列。西亚、独联体和中亚国家还有很大增长空间,2021年数字服务贸易出口额分别为850亿美元、398亿美元和13亿美元。

从电商行业看,共建"一带一路"国家有着同样出色的表现。2022年全球电商销售额排名前十的国家中,中国、韩国、印度和印度尼西亚分列第一、第六、第七和第九位。

从网络零售额、网购人数和移动支付规模等指标看,中国电商行业居世界

第一。2021年，中国跨境电商进出口规模达1.92万亿元，同比增长18.6%，占外贸的比重由2015年的不到1%增长至4.9%。2022年，中国跨进电商进出口规模首次突破2万亿元，占全国货物贸易进出口总值的4.9%，与2021年的占比基本持平。其中，美国是中国跨境电商第一大出口目的地，2022年美国市场占中国跨境电商出口总量的34.3%。在跨境电商进出口商品中，消费品占比超过90%。2022年中国消费品进口额达到1.9万亿元，其中跨境电商进口就达到5600亿元，满足了居民多元化的消费需求。

二、中国与东盟的跨境电商合作是双方共建数字"一带一路"的重点领域

东盟是电商业务高度活跃的地区。相关报告显示，2022年，越南、菲律宾、印度尼西亚、新加坡、马来西亚和泰国六国电商约达到1312亿美元的规模，同比增长16%，印度尼西亚和越南的增速分别为22%和26%。东盟人口年龄结构合理，电子商务在"网络原住民"群体中的渗透率已接近92%，未来东盟电商产业有望保持积极态势。中国与东盟的跨境电商合作是双方共建数字"一带一路"的重点。

第一，近年来中国与东盟地区经济稳定增长，双方互为重要的贸易伙伴，这是双边跨境电商合作快速发展的重要背景。中国已经成为东盟初级产品、中间产品的重要出口地，2022年中国吸纳了东盟14.8%的出口额。2020年，东盟跃升为中国最大货物贸易伙伴，中国与东盟实现了互为第一大贸易伙伴的历史性突破，2020年至2023年中国与东盟连续4年互为第一大贸易伙伴。2022年，中国与东盟贸易总额达到6.52万亿元，同比增长15%，占中国外贸比重达到15.5%，较2021年提升1个百分点,中国与东盟贸易在中国对外贸易中发挥着重要支撑作用。

第二，基础设施建设提升了东南亚互联互通水平和数字能力，这是双边跨境电商合作的重要支撑。中老铁路、雅万高速铁路、金港高速公路等一批重大基础设施项目完工或顺利推进，有效提升了东南亚的互联互通水平，促进了生产要素的跨境流通。中国和东盟的数字基础设施和数字能力也快速提升。截至

2022年底，中国互联网普及率达75.6%，中国正在建立更加包容、均衡的数字社会。截至2021年6月，文莱、新加坡、马来西亚、泰国和菲律宾的互联网渗透率已超过80%。但是，东盟内部数字能力差距较大，约70%的数据中心集中在新加坡、印度尼西亚和马来西亚，未来东盟需要加大弥合数字鸿沟的力度。

第三，中国与东盟国家高度重视和支持跨境电商发展，这为双边跨境电商合作提供了政策支撑。在多边领域，《区域全面经济伙伴关系协定》（RCEP）包含电子商务章节，为中国与东盟的电商合作指明了方向。目前中国已与东盟达成了关于数字经济合作的共识文件，中国-东盟自贸区3.0版谈判也正在稳步推进，有望进一步助推双方数字经济领域的跨境电商合作。在双边领域，中国和新加坡建立了电子商务合作机制，于2023年4月宣布实质性完成两国自贸协定再升级谈判，并于同年12月签署了升级议定书，新增电信章节，纳入数字经济等高水平经贸规则。此外，东盟为支持电商平台的发展，开始加大打击网络知识产权侵权行为的力度。

第四，中国加大对东南亚制造业和互联网产业的投资，为建设双边跨境电商全业态注入新动能。中国是东盟重要的投资来源地。根据商务部、国家统计局和国家外汇管理局联合发布的《2021年度中国对外直接投资统计公报》，2021年，中国对东盟直接投资达到197.3亿美元，同比增长22.8%。截至2021年底，中国对东盟的直接投资存量达1403亿美元，其中制造业是第一大行业，存量占比接近30%。在数字经济领域，东盟正在成为中国互联网创投资本的新目的地。据统计，2021年，中国投资机构在东南亚参与了24个项目的投资，中资共领投或参投了59.54亿美元。

第五，中国与东盟地区的跨境支付发展较快，为双边跨境电商合作提供了重要技术支撑。在跨境电商领域，中小平台数量多，如果支付成本高、流程复杂，这一新兴业态很难持续壮大。加强区域支付互联互通是2023年第42届东盟峰会的重点议题，东盟多国考虑在跨境支付系统、本币支付框架等领域开展合作。印度尼西亚央行、泰国央行、马来西亚央行和新加坡金融管理局合作推出以跨境二维码支付为基础的跨境支付系统（QRIS），并不断扩大QRIS的辐射范围。此外，多个央行展露出对数字货币支付的强烈兴趣。中国和东盟涌现出一些具有国际或区域影响力的支付机构，中国的支付宝和财付通积极拓展跨境支付业务，泰国的PromtPay、新加坡的PayNow等平台从低廉费率、全天候服务、提升客户体验等方面入手切入跨境支付市场。

从前景看，中国和东盟各国政府不断出台精准政策来推动跨境电商的发展。更为重要的是，RCEP的生效将为区域跨境电商合作打开新的篇章，2020年RCEP成员国跨境电商总额达2850亿美元，占世界总量的53.3%。中国和东盟跨境电商市场将享受到区域互联互通的制度红利和开放红利。

三、跨境电商是中国与中东欧国家共建"一带一路"的新兴增长点

近年来，中国与中东欧国家的经贸往来持续加深。自2017年以来，共建"一带一路"倡议已实现对中东欧16个国家的全覆盖。从2012年到2022年，中国与中东欧国家贸易年均增长8.1%，中国自中东欧国家进口年均增长9.2%。从中国与中东欧国家的贸易品类型看，2012—2021年双边贸易中与生产有关的贸易均超过七成，特别是同工业基础比较好的捷克、斯洛伐克和匈牙利等国，用于生产的贸易品占比在90%左右。这固然表明中国与中东欧国家在生产端紧密嵌入，但同时表明这些国家也期盼从中国这一超大市场中受益，出口更多的消费品到中国，更好地融入中国的双循环体系中。以中东欧国家普遍较为重视的农产品为例，2013—2022年，中国自中东欧国家进口食品农产品年均复合增长率达7.4%。

跨境电商合作为中国与中东欧国家共建"一带一路"提供了新支点。第一，中欧班列成为联通中国与中东欧、辐射欧洲的桥梁。2022年，中欧班列开行1.6万列。在班列通达的24个国家中，约半数为共建"一带一路"国家，其中匈牙利、斯洛伐克成为联通欧亚的陆上枢纽。在突发卫生事件期间，中欧班列经受住了考验，累计发运防疫物资1000余种，共计7000余吨，有力保障了共建国家人民的生命安全，维护了中国和共建国家的供应链稳定。得益于铁路运输的优势，班列搭载的产品丰富多样，涵盖多种日用品和电子消费品，这些品类正是跨境电商的主力货源。第二，中国与中东欧国家加强电商合作机制建

设，以国际会展平台为载体为沿线电商企业牵线搭桥。2021年6月，中国与阿尔巴尼亚、匈牙利、塞尔维亚、黑山、斯洛文尼亚等中东欧国家代表共同启动中国-中东欧国家电子商务合作对话机制。中国-中东欧国家博览会暨国际消费品博览会已经成为沟通中国与中东欧地区跨境电商企业的重要桥梁。得益于此，"跨境电商＋中欧班列＋海外仓"成为中国与中东欧经贸合作的新模式，同时这也反过来促进了中欧班列和海外仓的高质量发展。

中国与匈牙利的跨境电商合作是成功案例。首先，双方经济关系持续深化，匈牙利有着较好的电商市场基础。2020年，中国对匈牙利投资逆势上扬，中国首次成为匈牙利第一大外资来源国。2022年中匈双边贸易额较2019年增长51%。匈牙利电商零售额增长活跃，2021年电商零售额同比增长22%，占零售业销售额的11%。Reacty Digital预测称，2026年前匈牙利电商零售额占零售业销售额的比例将超过16%。其次，匈牙利是首批加入共建"一带一路"倡议的欧洲国家之一，非常重视与中方的合作。匈牙利积极对接中国合作伙伴，利用国际会展平台提高电商知名度，与中方创新跨境电商合作机制。2023年5月，第三届中国-中东欧国家博览会暨国际消费品博览会在浙江省宁波市举行，匈牙利作为唯一主宾国参与此次活动。2023年1—4月，宁波市自中东欧国家进口的消费品同比增长75.4%，进口中东欧跨境电商商品8009万元，其中主要为消费品，再次体现了跨境电商在满足消费者多样性需求方面"短平快"的重要特点。匈牙利中欧商贸物流合作园区已与中国山东临沂跨境电子商务综合试验区和江西赣州跨境电子商务综合试验区建立"双区联动"机制，还与中国浙江自贸试验区金义片区签署"双区联动"合作备忘录，这是中国长三角地区与中欧商贸物流合作园区签署的第一个"双区联动"合作备忘录。据统计，"双区联动"机制可为跨境电商企业节约50%以上的货运时间、约33%的物流成本以及10%以上的仓储费用。

四、"一带一路"跨境电商平台需重视多国政策改变带来的合规风险 →→

随着跨境电商总规模持续攀升，多国政府在看到跨境电商巨大潜力的同时也出台了有针对性的举措来加强监管，特别是严格税收监管。未来"一带一路"跨境电商从业者需要适应动态的监管环境和规则。

欧盟取消对小额货物进口的免增值税、关税政策。2021年7月，欧盟的增值税新规生效，取消了原本对22欧元以下的商品免征进口环节增值税的规定，但对150欧元以下的货物仍然豁免关税。此外，欧盟还创建了进口一站式服务（Import One-Stop Shop，IOSS）系统，简化了进口到欧盟的不超过150欧元货物的增值税申报程序。在此框架下，电商平台被认为"视同供应商（Deemed Suppliers）"，即向基础供应商购买商品并向客户销售的应税人，此举使得跨境电商平台在保证增值税缴纳环节的责任加重。欧盟对这一改革措施实施6个月后的效果进行评估，结果显示增值税新增了20亿欧元，而且大多来自150欧元以下的小额货物进口。其中，11亿欧元的增值税征收来自IOSS系统，前8名的IOSS注册贸易商的交易约占通过IOSS系统申报进口到欧盟的所有交易的91%。2023年5月，欧盟推出了新的改革举措，计划取消150欧元以下货物的关税豁免，拟扩大IOSS的适用范围至所有远程进口的货物。欧盟认为，取消150欧元的限制将扩大税收收益范围，并能在境外卖家和境内卖家之间创造公平的竞争环境。可见，跨境电商平台不仅无法享受税收优惠，而且在缴纳增值税环节的责任更重，平台需要重视这方面的法律风险。

2016年以来，美国对跨境电商适用低额豁免（De Minimis）原则，800美元以下邮包免关税，近年来寄往美国的此类包裹数量激增。比如，美国进口商从中国进口货物到美国西海岸后，入境但不清关，转运到墨西哥境内运往墨西哥保税仓，等待美国消费者下单后，将货件单独包装运往美国。有数据显示，2018年至2021年，进入美国的小额包裹数量分别为4.1亿件、5亿件、6.4亿件和7.7亿件，其中约半数包裹来自中国。然而，近年来美国立法者一直在试图改革这一规定，尤其是受到低价值电子商务进口产品免税问题的影响，美国立法者修改法案的动机更加强烈，这必将对跨境电商卖家和电子商务物流提供商产生深远影响。

新兴市场经济体也纷纷出台监管新规定。巴西针对跨境电商平台的税务合规计划（Programa Remessa Conforme）于2023年8月生效，意在加强对跨境电商平台的进口监管。加入该计划的平台可以享受50美元以下跨境包裹免关税优惠和便捷的通关服务，但需缴纳17%的商品和服务流通税（ICMS），但是50美元以上的包裹将被征收60%的关税和17%的ICMS。印度尼西亚担心跨境电商的兴起会给本国中小企业带来负面冲击，计划限制国外商家在平台销售商品的最低单价，并向跨境电商平台表达了对全托管模式可能带来的冲击的顾虑。

总体来看，在共建"一带一路"国家良好的经济成长性和向数字经济加速转型的带动下，跨境电商将保持快速发展态势。不过，全球经济和贸易增速放缓、供应链重塑、多国税收和数字监管政策变化等都给共建"一带一路"国家的电商发展带来了挑战。这需要中国和相关经济体政策制定者从本地居民福祉出发，捍卫全球化和区域一体化，降低数字贸易壁垒，推进电子商务和数字贸易规则及标准对接，积极应对合规风险，改善跨境电商发展的营商环境。数字企业可考虑加强海外仓建设，优化本地化服务并帮助当地加强数字能力建设和数字化互联互通。金融机构应为跨境电商平台提供更为便捷、安全的支付和融资服务，尤其是利用金融科技为中小型跨境电商平台开发成本适中的汇率避险工具，解决小币种汇率避险工具匮乏的痛点。在亚太地区，跨境电商企业还应充分把握RCEP和《全面与进步跨太平洋伙伴关系协定》（CPTPP）等新一代自由贸易协定生效带来的制度红利，更好地适应数字贸易时代的市场特点，把握好各经济体的市场环境和消费者偏好，推动行业长远发展。

第三节 RCEP内容概述

一、RCEP内容及战略意义

（一）RCEP成立背景

RCEP（Regional Comprehensive Economic Partnership），即《区域全面经

济伙伴关系协定》，是2012年由东盟发起，历时八年，由包括中国、日本、韩国、澳大利亚、新西兰和东盟十国共15方成员制定的协定，是利用关税和非关税壁垒的削减作用，在15个国家之间形成一种统一市场的自由贸易协定。2020年11月15日，《区域全面经济伙伴关系协定》的签署，标志着当前世界上人口最多、经贸规模最大、最具发展潜力的自由贸易区正式启航，协定于2022年1月1日正式生效。

2019年，RCEP的15个成员国总人口达22.7亿，GDP达26万亿美元，出口总额达5.2万亿美元，均占全球总量约30%。RCEP是全球涵盖人口最多、最具潜力的自贸区谈判。RCEP的签署意味着全球约三分之一的经济体量将形成一体化大市场，协定的生效会进一步促进本地区产业和价值链的融合，为区域经济一体化注入强劲动力。海关统计数据显示，2021年我国对RCEP其他14个成员国进出口12.07万亿元，增长18.1%，占我国外贸总值的30.9%。其中，出口5.64万亿元，增长16.8%；进口6.43万亿元，增长19.2%。

全球贸易以货物贸易和服务贸易为主，RCEP生效后货物贸易零关税产品的数量整体上超过90%，服务贸易以及投资总体开放水平显著高于之前的自贸协定，同时高水平的知识产权、电子商务、竞争政策、政府采购等现代化议题也纳入其中。

RCEP共分20章，涵盖多个领域。协定的第一章是初始条款和一般定义，明确了RCEP的目标。第二章至第十六章分别对货物贸易，原产地规则，海关程序和贸易便利化，卫生与植物卫生措施，标准、技术法规和合格评定程序，贸易救济，服务贸易，自然人临时移动，投资，知识产权，电子商务，竞争，中小企业，经济技术合作，以及政府采购等内容进行了规定。第十七章至第二十章中还对某些条款做了进一步的规定，其中包括一般条款和例外、机构条款、争端解决和最终条款。

（二）RCEP重点内容

1. 减征关税

第一，成员国之间的关税减免主要是根据RCEP的规定，直接降低到零，或在10年内降到零。第二，RCEP的减免税政策能够鼓励跨境电商企业在全球范围内开展业务，帮助企业减少成本，提高中国出口产品在世界范围内的竞争能力。2020年疫情对我国传统的对外贸易公司造成了巨大的影响，而RCEP中所列的关税优惠政策对我国传统外贸企业的发展起到了促进作用。

2. 原产地规则

原产地规则是一个国家对不同商品制定不同税率和贸易措施的判定标准，其对确定商品在国际贸易中应享有的待遇具有重要的作用。对进口商品征收的关税是由原产地规则决定的，这会对公司的经济效益产生直接影响。为了降低贸易公司的生产成本，协定中增加了已核准的出口商声明，使原产地证书转变为基于公司信用的主动声明，从而可以让公司更加灵活地安排生产和出货。

3. 保护知识产权

RCEP对跨境电商企业在全球的发展起到了非常重要的保障作用，对我国的品牌建设和维护起到了很好的推动作用，并将最终帮助我国的外贸企业更好地完成品牌出海。在知识产权保护方面，一些自由贸易区的条款和规定不仅复杂，而且很难理解。此外，大公司有法律顾问、海关人员支持，但在许多情况下，大部分中小企业都很难得到有效的支持。RCEP为本区域知识产权的保护和促进提供了平衡、包容的方案，内容涵盖著作权、商标、地理标志、专利、外观设计、遗传资源、传统知识和民间文艺、反不正当竞争、知识产权执法、合作、透明度、技术援助等广泛领域。

（三）RCEP的战略意义

首先，RCEP的签署标志着东盟在区域合作与整合方面的新突破。东盟从成立之初，就秉持着平等和合作的理念，尽管东盟国家的发展并未走在世界前列，但它始终致力于促进经济、社会、文化的发展，为东南亚国家的繁荣打下坚实的基础。事实上，东盟在1992年就提出了建立自由贸易区的设想，力争通过推动贸易自由化来提升东盟的合作水平，促进区域经济的整合。随后东盟与有关国家签署了诸多自贸协定，促进了东盟国家制造业生态系统的进一步完善。RCEP的签署使东盟国家的自贸协定得到了全面的提高，将给东盟的经济发展带来不可估量的助推作用。

其次，RCEP的签署标志着区域经济贸易在全球范围内的合作有了新的突破。在全球经济一体化的背景下，大部分国家都顺应时代潮流，在全球经济和贸易中，特别是在产业链、供应链、价值链等方面，充分利用自身的优势获得属于自己的一分。二十多年来，各国及区域各国间的贸易协定不断推进，其所带来的好处远多于坏处。与任何贸易协定的谈判一样，RCEP的谈判对各方来说也是一项颇具挑战的任务。RCEP是一部全方位的协定，它经历了密集和反复的技术磋商。离开各方的相互理解和合作，协定不可能最终签署。在8年多的时间内，各方共进行了31轮正式谈判，最终成功签署并生效实施。该协定的签署，在形式和实质上都有着非凡的意义。

二、中国加入RCEP的原因及意义

（一）中国加入RCEP的原因

首先，RCEP的签署与中国对外开放的外部发展相一致。中国始终坚持对外开放的基本国策，坚持奉行互利共赢的开放战略，加强双边、多边、区域、次区域合作，提高抵御国际金融危机的能力。

其次，中国自古奉行"睦邻、安邻、富邻"的外交方针，RCEP的签署正好与中国的要求相吻合。在此基础上，RCEP的实施促进了我国经济的融合，并在一定程度上促进了地区的和平与经济的迅速发展。中国-东盟自由贸易区是近年来对外贸易发展的重要组成部分。

最后，建立RCEP是可行的。东盟既有"10+1"自贸区，又有很强的合作意识和比较宽松的准入条件。习近平主席指出："亚太各经济体利益交融，命运与共，一荣俱荣，一损俱损。在这个动态平衡的链条中，每个经济体的发展都会对其他经济体产生连锁反应。我们要牢固树立亚太命运共同体意识，以自身发展带动他人发展，以协调联动最大限度发挥各自优势，传导正能量，形成各经济体良性互动、协调发展的格局。"

（二）中国加入RCEP的意义

首先，中国加入RCEP促进了更高层次的改革和开放。改革不会停止，开放也不会停止。中国在40多年的改革开放历程中，经历了从对全球化的主动适应到对全球化的积极引导。这要求中国进一步推进改革和开放，而RCEP的签署就是一个很好的契机。中国将根据RCEP的要求，进一步深化改革，促进贸易、投资的自由化，并对有关的贸易和投资法规进行修改，以满足更高层次的对外开放需求。

其次，促进了国内消费的扩大和消费水平的提升。消费是推动经济增长的第一动力，也是人民对美好生活需要的直接体现。在RCEP框架下，我国出口企业面对的是更加广泛的海外市场，产品和服务的出口也会随之增长，这将有助于提高我国居民的收入，进而促进国内消费的增长。与此同时，更多的高质量产品与服务涌入我国，也将促进我国消费水平的提升。

最后，对提高我国产品和服务供应的品质也有所帮助。人民对美好生活的追求，要求我们在产品和服务上不断提高品质，创造更多更好的国际品牌。随着全球经济的发展，更多的行业将会面对更多的挑战，市场的需求将会反过来影响供应，从而逐步推动行业的升级，扩大企业品牌的影响力，帮助企业树立国际形象。

第四节 RCEP背景下我国跨境电商面临的机遇与挑战

一、RCEP带来的机遇

（一）跨境交易数量增加

RCEP是涵盖全球人口最多、经济贸易规模最大的自由贸易协定，其15个成员国总人口、经济体量、贸易总额均占全球总量约30%。RCEP的签署与生效必将为我国跨境电商的发展带来良好机遇。统计数据显示，2022年中国与东盟之间通过RCEP关系所产生的贸易额达9753.4亿美元，RCEP生效后产生的作用没有让各缔约方失望。

此外，RCEP中关于跨境电商的条款规定对电子商务不征收关税，约定每一缔约方应当维持其不对缔约方之间的电子传输征收关税的现行做法，自由贸易程度不断提高，有利于成员国之间跨境电商交易的增加，这为我国跨境电商提供了更广泛的市场。

（二）数字化转型

RCEP倡导的是无纸化贸易，让参与者能够利用电子签名和电子验证技术，从而实现跨境电商的无纸化。约定缔约方应努力接受以电子形式提交的贸易管理文件，且电子版与纸质版的贸易文件具有同等法律效力。此外，现有的云计算技术可以帮助企业建立数字化平台，提高企业的服务效率，还可以降低人工成本和时间成本。在制造方面，智能化制造可以推动装配与物联网的数字化；在付款方面，采用区块链技术可以进一步减少跨境结算的费用；在物流方面，利用区块链技术，可以有效地实现信息的分享，增强物流的调度能力，从而达到对需求的预测以及提高物流效率的目的。同时，人工智能还可以通过分析和整理跨境电商的数据，针对消费者的不同喜好，进行精准的市场营销和产品的本土化经营。

（三）跨境交易流程简化

在RCEP关于减免关税及削弱非关税壁垒的相关约定下，各成员国之间的贸易自由化程度提高，进一步实现了各企业尤其是中小企业跨境电商业务中交易流程的简化，加快了达成跨境交易的速度。此外，RCEP成员国之间的跨境物流和海外仓建设进入了全新阶段，各成员国加强跨境物流合作，如顺丰、京东等物流企业的跨境物流网络增设，实现了物流通关效率的提升。同时，由于跨境电商交易增加，更多商家倾向于囤货到海外仓库，提升了海外仓的服务质量，实现了海外仓各项功能的升级，减少了海外仓建设的阻碍。RCEP中关于简化海关手续的规定，大大压缩了成员国交易的通关时间，提高了跨境交易的物流效率，简化了跨境交易的流程。

（四）增强了国际市场竞争力

在RCEP中，贸易货物的关税减免有4种模式：立即降为零；部分降税；过渡期降为零；例外产品（不降税）。此外，根据原产地累积规则，自贸伙伴国家可以将多个国家的中间产品用于出口，从而降低了对原产地资格的判断，大幅度减少了关税费用，提高了价格竞争优势。另外，RCEP还强调了加强跨境电商的基础设施和相关服务建设，比如配套的物流系统和海外仓，这有助于加快中国跨境电商与当地企业、机构、组织的深度合作，帮助中国的跨境电商从"中转站"转变为整个产业链的"组织者"，既增强了中国跨境电商在国际市场上的竞争能力，又让其掌握了一定的话语权。

（五）保持贸易关系的稳定性

在一些区域采取贸易保护措施的情况下，由于贸易伙伴关系的不确定性和外交纠纷，跨境电商企业特别是中小企业的经营风险会增加。而RCEP除了在知识产权、电子商务、政府采购等方面提供保障，还涵盖了反倾销、反补贴税等内容。另外，出于成本和安全等方面的考量，东盟、日本和韩国等的产业供应链区域化、本土化和近岸化的发展趋势越来越明显，并在一定程度上建立起了一种更加稳固的多边规则关系。RCEP在限制成员国的非理性行为的同时，也为成员国间的经济贸易合作创造了良好的平台。RCEP还对仲裁机构的设立做了详尽的规定，如专家职能、专家组程序等，确保企业在国际业务中遇到争议时，能够通过这一制度来解决，保护企业利益。

（六）比较优势互补

由于RCEP成员国之间的经济发展存在着很大的差异，各国在各自的产品上也具有不同的比较优势，RCEP的产业链也呈现出低、中、高三个层次的特点。澳洲的主要工业产品是矿物和羊毛，而新西兰的产品主要是鹿茸和乳制品。中国可以从澳洲、新西兰进口这些能源和原料。东盟的优势是其劳动生产率低，中国可以把劳动密集型工业转移到这些地区。另外，东盟各国的纺织品、水果、海鲜等附加值较低的制造业产品的需求量也很大；日本是世界上养老、医疗和清洁能源工业的领导者；中国是世界上最大的制造业大国，并拥有世界上最完整的产业链。与此同时，中国在创新驱动发展战略的推动下，积极融入全球创新网络，专利申请量与授权量持续迅猛增长，2020年发明专利申请数量达149.7万件，同比增长6.9%。RCEP可以通过比较优势互补的方式，使国家之间的生产分工更加紧密和完善，从而促进行业之间贸易需求的增加。

二、RCEP带来的挑战

（一）贸易壁垒依旧存在

由于各成员国的发展水平和自然禀赋不同，各国在市场准入和投资方面的政策也不尽相同。从减税时间表上来看，东盟—韩国、东盟—中国FTA已经达到了零关税的目标，而东盟—日本、东盟—澳新FTA将在2026年之前达到零关税。这些关税和消费税都会使中国企业的资金使用成本增加，从而影响产品的流通效率和产品的质量。另外，在出口和进口过程中，电子认证的普及程度各不相同，这也会影响跨境电商的交易效率。

除了通关障碍，RCEP知识产权章节83项条款所构成的知识壁垒对很多中国跨境电商企业来说也是一种风险。中小企业的知识产权意识不强，遇到好的产品时，往往一窝蜂地冲上去，而不去学习专利、外观设计等方面的相关法规。这就造成一些平台出现了产品技术含量不高和质量不高的问题，甚至出现了被消费者投诉、产品下架等问题，不仅造成了我国外贸企业的经济损失，也对企业和国家的形象造成了很大的负面影响。

（二）难以实现本土化

消费者在购物时更喜欢本地的电商，如中国消费者更喜欢天猫、京东、拼多多，而不是亚马逊。由于各国人民在生活习惯、宗教信仰等方面存在很大的差异，跨境电商的发展存在一定的困难。另外，终端配送是国内市场的一个重要环节，在顾客体验上存在一定的差异性，跨境电商卖家应注重"最后一公里"的配送，但是各大物流公司在终端配送的时间、品质等方面存在一定的差距。一国的干线运输企业和终端运输公司之间未实现信息共享的情况下，跨境电商卖家很难对物流进行实时控制。对于大型跨境电商平台，可以采取融资并股的方式解决这一问题，比如腾讯控股的东南亚电商平台Shopee等。但是，这一方法在中小企业中并不适用，如何赢得顾客的认同还没有从根本上解决。

（三）数字技术的使用不当

随着物联网、云计算、大数据等信息技术的飞速发展，跨境电商在我国迅速发展，并逐步实现了全自动化、第三方支付等技术的应用。然而，伴随着科技的蓬勃发展，跨境电商领域还有很多问题需要解决。跨境支付面临着两大困难：跨境汇款的高额手续费和较长的汇款周期。尽管近年来，国内大量的交易平台已经开通了第三方支付，但是它的应用依然限于国内。第三方是买卖双方之间的一个中介，往往积累了大量的资本，同时也极大地增加了资金的风险。另外，由于跨境电商的交易数据都存放在不同的平台上，核心企业可能出现违规操作，比如通过篡改交易信息，欺骗消费者和政府机构。

（四）专业技术人员严重短缺

根据《"十四五"电子商务发展规划》，预计到2025年电子商务相关从业人员将达到7000万人。2023年中国电子商务行业直接从业人员达755万人，较2022年的722万人增长4.57%；间接从业人员达6550万人，较2022年的6325万人增长3.56%。随着电子商务产业链不断延长，电子商务相关企业的不断增加，对于各类电商人才的需求也在快速增长。RCEP的背景表明，由于物流、支付、营销等方面的复杂性，跨境电商行业需要具备国际贸易、商法、金融等多方面知识的专业技术人员。此外，有些法律条文不但繁复而且模糊不清。大型企业有律师的协助，但是在许多情况下，中小企业往往无法得到有效的协助。另外，有的企业觉得流程复杂，一些产品要通过好几个国家，还要办理各种手续，到了一些偏远的国家，就会变得更麻烦，这会影响自由贸易协定的使用。目前中国跨境电商企业面临的一个主要问题是缺少专门的人才。

第五节 RCEP下我国跨境电商发展的有效路径

一、建立区域税收合作组织

东盟作为主导,坚持互惠互利、合作共赢的原则,建立特殊性的税收合作体系,通过设立特色化的税收合作组织,针对税收活动进行专门的规范和处理,实现对接RCEP国家区域一体化的发展要求,并在此基础上建立和完善税收协调的相关指令,促使交流和合作平台的搭建更具有效性,督促各成员国在活动中严格按照相关国家的要求完成对税收制度的完善与改进。同时,对于各成员国之间存在的税收争议,通过建立区域税收合作组织,也能起到调整和监督的作用,可以随时叫停,减少不良事件的发生;通过规范和整理有效措施,督促各国的税收制度有效地衔接起来,以此来更好地满足RCEP国家区域一体化发展需求。除此之外,区域税收合作组织还可以有效解决各国不同税制结构、征收模式、税率水平等方面的问题,避免企业在发展过程中出现双重征税的现象,保障企业的投资得到公平的对待,有效解决涉税方面的争议,为企业提供公平、公正的发展环境。

二、完善监管体制和行业自律规范

完善的监督管理体制对于跨境电商而言,是非常重要的支持和依靠,监管的基本思路应当为坚固树立协同配合机制以及分类监管。跨境电商监管平台应设立覆盖全部职能的部门,让每一个部门机构的负责范围一目了然,从而对越权监管以及监管真空的现象形成有效的防护,让监管信息化共享以及协同互助方式可以有效地形成多层次、跨部门、常态化的监管效果。同时,全力发展第三方认证机构、行业协会等社会组织,促进第三方机构进行从业资格认证,支持跨境电商企业、协会颁发行业生产规范等。建立跨境商品追本溯源管理机制，对假冒商品和不符合安全标准的商品进行管控和处理，减少不良事件的发生，同时也可以严控非法分子获取经济效益，及时公布风险预警，促使消费者权益以及整体的行业生态环境得到有效的保障。

三、积极拓展跨境电商综试区创新发展实践

首先，跨境电子商务综合试验区（以下简称跨境电商综试区）在建设之前一定要明确自身今后的发展方向以及在社会市场中的地位，重点放在跨境电商上下游产业链条的拓展上，不断培养出适合市场稳固发展的行业龙头企业、高成长型企业，在多方联合下加快跨境电商与制造业、现代服务业的深度融合，在多种因素的配合和影响下形成完善的地区产业链和物资的供应链。其次，拓展跨境电商线上综合服务平台的功能，优化各项功能的应用价值，同时对监管流程和审批程序进行优化和完善，为贸易业态的创新和模式的创新奠定良好的基础，为跨境电商的发展提供有利条件。最后，坚持战略优势和地区优势相结合的原则，不同优势的有效结合，不仅要将先行先试的政策优势充分发挥出来，还要针对地区产业和不同类型的资源进行创新和优化，并与其他地区跨境电商综试区的功能进行互补，在协同合作下不断创新和发展，发展出更多具有鲜明特色的差异化发展经验，更好地面对发展中的挑战，增强自我发展实力。

四、增加跨境电商人才培养路径

跨境电子商务实际上就是要将先进的技术与传统的外贸相结合，这种结合有助于传统经济环境得到有效的改善。要想让跨境电商未来更加持久、健康地发展，其中重要的一项举措是对跨境电商人才的培养。通过强化跨境电商人才的培养，保障国内的跨境电商领域在未来的发展过程中不会掉出世界的梯队。如今跨境电商行业蓬勃发展，得益于RCEP的促进作用，因此当前高校以及行业组织还需加快改进跨境电商行业人才培养方案，加大复合型人才的培养力度。高校可开设数字经济与贸易相关专业，充分利用当前的教育资源，积极引

导创新教育模式，其中包含数字经济与贸易教育体系、教学模式及教育内容等的创新。与此同时，跨境电商企业要对在职员工进行定期的专业业务培训，一定要让从事跨境电商的人员接收到最为先进的工作方法、工作理念以及跨境电商行业的最新时势，让从业人员的信息技术水准以及专业素养得到全面有效的提升，使从业人员能够更加快速、有效地适应跨境电商行业的飞速发展。

第五章
RCEP背景下中国企业开拓东盟跨境电商市场的思考

第一节
中国企业开拓东盟跨境电商市场的意义

2023年5月第七届全球跨境电子商务大会在郑州举行，大会通报的数据显示，近年来，东南亚跨境电商市场愈发活跃，是全球电商增速较快的地区之一，也是中国跨境电商企业重点耕耘地区。在经济全球化逐渐发展及互联网经济不断渗透的影响下，许多行业都打破传统模式，走向数字化、智能化。在此背景下，跨境电子商务在全球范围内迅速发展，已成为全球贸易中较为活跃、增长速度较快的板块之一，其市场空间广阔，显示出巨大的发展潜力。另外，随着中国制造业和服务业的转型升级，跨境电商已经成为新兴产业的重要载体之一，也为中国实现供给侧改革和推动经济转型升级注入了新的动力。国家层面也出台了许多利好政策，鼓励企业积极开拓海外市场。

近年来，在"一带一路"倡议的推动下，中国与东盟双方的经贸往来日益紧密，尤其是随着RCEP的生效和东盟地区数字经济的发展，越来越多的跨境电商企业开始将目光投向东盟市场，开拓东盟跨境电商市场成为当下的热点和趋势。中国与东盟国家间的合作也在不断加深，2023年4月中国与新加坡宣布实质性完成自贸协定升级后续谈判，两国在数字经济与互联互通领域不断拓展合作，将有效辐射东南亚地区，进一步推动区域跨境电商发展。

开拓东盟跨境电商市场，能够进一步推动中国与东盟国家间经济贸易、投资和经济整合等方面的合作，创造更多就业机会，同时还能带动跨境物流、电子支付等相关产业的发展，实现多方共赢，带来更多的经济收益。未来，随着东盟地区的快速发展和贸易合作的深化，开拓东盟跨境电商市场将成为带动经济高质量发展的新引擎和突破口。而对企业来讲，跨境电子商务利用互联网弱化了国家间的物理距离，其构建的更加开放、多维、立体的贸易合作方式，为企业进入国际市场提供了很好的机会，可以帮助企业降低扩张成本，获得更大的发展空间。无论是对于想进入跨境电商行业的新企业，还是对于想实现数字化转型的传统企业，拓展东盟跨境电商市场都是难得的机遇。此外，跨境电子商务作为一种新型的贸易业态，具有不同于传统贸易的诸多特点。跨境电子商务高效便捷、打破时空限制，使消费者足不出户就可以享受到世界各国的优质产品，这些优势使其深受现代消费者的喜爱。在未来，这种购物方式将会被越来越多的消费者接受，这也暗示着这个行业巨大的增长张力。

本章对东盟跨境电商市场现状进行系统的分析，更加完整地展现了东盟跨境电商市场存在的机遇与挑战，着重强调了中国产品在东盟市场中的形象以及中国企业目前面临的威胁，并指出除了国家利好政策扶持、平台支持等，中国企业想要在东盟跨境电商市场长足发展，必须找准自身定位，以产品为依托提高核心竞争力，建立不可复制的商业模式，希望可以为相关企业开拓东盟跨境电商市场提供一些新的思路。

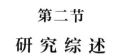

第二节 研究综述

一、国外文献综述

跨境电子商务主要分为B2B和B2C两种贸易形式，韩国学者目前的研究主要是从B2C跨境电商展开的。崔赫俊、郑贤宰（2018）利用BCG模型分析了东盟国家的增长率和相对市场份额，认为韩国中小企业应将目光聚焦于东盟，利用B2C电子商务进一步开拓市场。韩国仁荷大学郑石物流与贸易研究所（2019）对韩国与东盟跨境B2C电子商务的现状和未来进行分析和预测，表示出对东盟跨境电商未来市场潜力的无限期待。此外，有许多韩国学者认为跨境电商是中小企业开拓市场的有效道路。李相允、韩正秀（2020）从中小企业的视角，就它们如何选择跨境电商平台进行分析，总结出了一些应遵循的标准。韩国企业未来或许会成为我国企业开拓东盟跨境电商市场的强劲对手。

另外，也有一些学者从其他视角对东盟跨境电商市场进行研究。Majumdar（2020）概述了印度和东盟数字化与电子商务的现状，探讨了双方在技术适应、政策制度、双边协定、基础设施等方面的问题，并提出数字连接和电子商务将有助于两个经济体中的中小企业和边缘化群体以较低的成本实现客户群体多样化。Ayob（2021）使用实证分析法，利用多个数来源，在6个东盟国家的5870名个人中测试了个人特征、民族文化与网上购物倾向之间的关系，整合了个人和国家层面的特征，解释了东盟地区电子商务水平参差不齐的原因。

二、国内文献综述

国内不乏对东盟跨境电商市场的研究，韦大宇在2010年的研究中指出，当时市场发展环境尚未成熟，东盟电子商务市场还存在着许多不足：政策不完善，基础设施跟不上，一般消费者尚未完全接受线上购物模式。而他在以后的研究中发现，东盟跨境电商的潜力在不断加大。韦大宇、王敏（2022）指出，随着"一带一路"建设的深入以及东盟网络基础设施的搭建，以前的问题在逐渐消失，并且随着东盟网络渗透率的提高和年轻人在东盟人口中占比的提高，人们对跨境电商的接受程度变高，人口红利明显。从他的研究中大致可以了解到东盟跨境电商市场的发展历程，他的研究方向也从"打开市场"变为"发展市场"。

梳理相关文献不难发现，国内对东盟跨境电商市场的研究有两个显著的特征：一是大部分是基于"一带一路"和RCEP背景下的研究，重点分析了"一带一路"建设（王玥，2022）以及RCEP生效（徐保昌，2022）所带来的影响；二是相关研究虽然都表达了对东盟跨境电商市场未来潜力的肯定，但同时也提到了市场上存在很多的问题。

白东蕊（2018）对中国与东南亚跨境电商发展现状进行了深入分析，提出了中国与东南亚跨境电商在支付方式、物流时效、技术支持以及交易安全性等方面存在的问题，同时也给出了一些对应的改善建议。张建中、钟雪（2019）认为，跨境电子商务与贸易增长具有双向驱动作用，而跨境物流和支付则成为影响中国-东盟跨境电商与贸易增长的主要因素。谢敏、熊国祥（2020）以中国和东盟国家跨境电子商务为切入点，对影响我国跨境电子商务质量和效率提升的因素进行了对比分析。一个简单易操作的交易平台，一个分布合理的仓储系统，一个高效便捷的物流体系，一套简单方便的清关手续，一个统一的不会产生歧义的语言系统，这些都是跨境电商成功的必要条件，并以此为依据对中国与东盟国家之间的跨境电商提出了一些建议。宋海霞（2021）对引力模型进行扩充，通过修正后的指标计算出中国对东盟各国出口的潜力值在0.3左右，属于潜力巨大型，同时利用随机效应模型对东盟十国2013—2019年数据进行实证分析，发现物流问题是阻碍中国-东盟跨境电商进出口以及贸易的重要因素之一。卢文雯、林季红（2021）系统地分析了目前中国和东盟之间跨境电商交易所存在的诸多问题，包括中国和东盟之间的付款方式不匹配、东盟地区的物流基础设施不完善、缺乏先进技术支持、跨境电商人才缺乏等。胡雪歌（2022）指出，中国与东盟在跨境电商领域有着很大的合作空间，但是目前还面临着一些问题，如支付方式不匹配、物流设施不完善、人才匮乏、先进技术缺乏等，这些问题已成为制约中国-东盟跨境电商发展的关键因素，并据此提出了一些应对措施。

也有一些从产品本身出发的研究，但内容较少。陈帅嘉、兰青叶（2020）基于SWOT战略分析框架，论述了中国跨境电商企业开发东南亚目标市场时存在产品相似、目标消费群体重叠的问题。贺宇等（2022）选取了印度尼西亚、泰国和老挝三个国家的消费者作为调查对象，调查中国产品在东盟市场上的产品形象，发现产品的价格竞争优势相对突出，但可替代性强，缺乏差异性。

第三节
中国-东盟跨境电商发展状况

一、东盟跨境电商发展现状

(一)东盟跨境电商市场持续增长,潜力巨大

近年来,东盟跨境电商市场呈现快速发展的趋势。随着该地区互联网覆盖率的提高和居民消费观念的转变,消费者更加倾向于在线购物,跨境电商企业迎来重大发展机遇。

在过去五年时间(2019—2023年)里,东南亚始终是全球电子商务增长较快的地区之一。根据谷歌、淡马锡和贝恩公司联合发布的《2023年东南亚数字经济报告》,东南亚的电商交易总额从2019年的380亿美元增长到了2023年的1390亿美元,其中,2021年较2020年增长80%。该报告还预计,到2025年东南亚电商交易总额将达到1860亿美元,如图5-1所示。

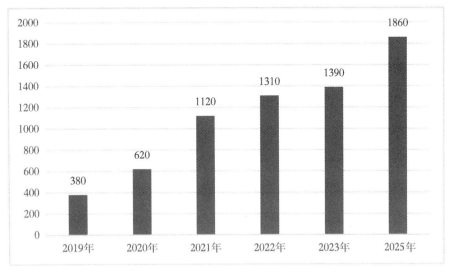

图5-1 2019—2025年东南亚电商交易总额及预测(单位:亿美元)

(数据来源:《东南亚数字经济报告》(2019—2023年))

从全球范围看，eMarketer发布的数据显示，2022年全球电商增长率TOP10国家中有五国都是东盟国家，如图5-2所示。位居榜首的是菲律宾，销售额增长了25.90%；印度尼西亚增长了23.00%，位于第三；越南是第五位，增长了19.00%。另外，2022年印度尼西亚成为东南亚最大的电商市场，其电商销售额达到了809.5亿美元，在未来几年内，其市场规模有望突破千亿。菲律宾、越南和泰国则处于增长爆发期，具有发展速度快、潜力巨大的特征。相比而言，新加坡和马来西亚这两个成熟市场的增长幅度较为稳定。

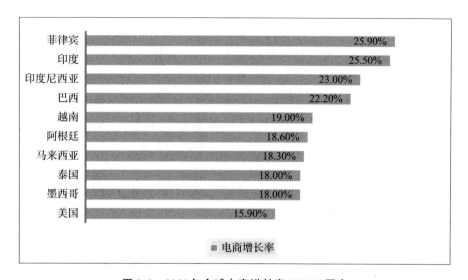

图5-2　2022年全球电商增长率TOP10国家

（数据来源：eMarketer）

（二）东盟跨境电商政策环境优化，平台日趋完善

东盟国家为促进电商市场发展推出了许多利好政策，相关法律法规也在不断完善，营商环境持续优化。例如，越南政府批准了国家数字化转型计划，预计未来数字经济将占越南GDP的20%。2022年印度尼西亚国家发展规划部为支持国家数字化转型公布了《2023—2045年印度尼西亚数字产业发展总体规划》，计划进一步推动数字化转型，国家会扩大数字产品和服务，为某些细分市场提供互联网访问便利。泰国很早就将目光投向了数字经济领域，过去几年间推出了多项经济改革政策，大力推动数字经济产业和电子商务的发展，着力

建立一个便捷、安全、可持续的数字生态系统。此外，为支持电商平台的发展，各国加大了打击网络知识产权侵权行为的力度。此外，2021年12月生效的东盟《电子商务协议》，将在电信基础设施、法律和监管环境、电子支付结算、线上消费者保护、网络安全、物流等领域发力来促进电子商务的发展。这些政策从不同角度出发，都试图为电商行业创造更好的环境和条件。

东盟跨境电商平台建设日趋完善。Lazada是东盟较大的B2C跨境电商平台，2016年，具有国际影响力的电子商务巨头阿里巴巴斥资10亿美元将其收购。随着阿里巴巴逐渐将其自身生态系统和技术引入Lazada，Lazada获得了更多的用户和更高的活跃度。2023年，Lazada在泰国跨境电商网站访问量中排名第一。此外，2015年在新加坡成立的Shopee是另一个东盟比较大的电商平台。根据2020年第三季度的报告，Shopee在越南、泰国、菲律宾和印度尼西亚的月度活跃用户数均位列第一。成立之初，Shopee在深圳和香港设立办公室，开展跨境业务，为中国跨境卖家提供流量、物流、孵化、语言、支付和ERP（Enterprise Resource Planning，企业资源规划）支持，之后又与上海、厦门、杭州等地合作，不断扩大服务覆盖范围。

除此之外，东盟其他各国也有各自独特的跨境电商平台。Bukalapak创立于2010年，目前已成为印度尼西亚较大的电子商务平台之一，同时也是印度尼西亚"小微商家"电子商务平台中较大的一家，C2C、B2C等商业模式日趋成熟。越南的Tiki Global，拥有极好的口碑，在越南所有电子商务平台中，它的退货率最低，客户满意度最高。此外，泰国的JD Central、新加坡的Qoo10、马来西亚的11street等，都是当地比较知名的跨境电商平台。随着东盟跨境电商平台日趋完善，中国企业进军东盟跨境电商市场的平台选择更加多样化。

（三）网络普及率提高及基础设施建设，促进跨境电商市场的发展

网络普及率的提高和基础设施的建设是跨境电商得以迅速增长的基础保障。互联网渗透率的持续提高，孕育出广阔的电商发展空间。eMarketer在2022年公布的数据显示，东南亚在2021年新增互联网用户约4000万人，网民总数达4.4亿人，新加坡、马来西亚互联网渗透率分别达92%和89.6%。加之突发卫生事件的客观影响，一些原本的线下消费自然迁到线上，线上消费人数

快速增长，2021年东南亚网购用户比2020年增加约3000万人，规模达3.5亿人，占全体互联网用户的80%，人们逐渐接受、适应并依赖线上消费。原因在于：一方面，线上消费的确存在很大的优势，快捷方便、种类丰富；另一方面，东盟人口结构呈现年轻化趋势，特别是印度尼西亚、马来西亚、菲律宾和越南四国，35岁以下人口占比超过50%，年轻人对线上消费这一新事物的接受程度高。

东盟国家也正在大力投资建设交通基础设施，包括公路、铁路和航空等。例如，中老铁路的建成不仅彻底改变了老挝的封闭环境，也有效地提升了东南亚地区的互联互通水平，促进了跨境贸易的流通，这也进一步促进了东盟跨境电商市场的发展。除此之外，东盟国家对于数字基础设施、物流基础设施、金融基础设施的建设也付出了诸多努力。随着基础设施的逐渐完善，未来几年一定是东盟电商发展的黄金时期。

二、中国－东盟跨境电商发展现状

（一）双方交易规模持续扩大

前瞻产业研究院发布的《中国跨境电商行业发展前景预测与投资战略规划分析报告》显示，东盟已经超过日本、韩国和俄罗斯，成为继欧美之后我国跨境电商交易规模最大的区域。2020年是意义非凡的一年，不仅是中国-东盟数字经济合作年，而且是中国-东盟自由贸易区建成10周年。也是在这一年，双方贸易总额达到了6846亿美元，同比增长了6.7%，东盟成为中国的最大贸易伙伴，创造了历史性的里程碑。随着中国与东盟经贸关系的日益广泛和深入，双方在跨境电商领域的合作也不断取得突破。2020年，亚太地区跨境电子商务市场规模达4500亿美元，在世界范围内占有53.6%的份额，位居世界前列，而中国和东盟对此做出重要贡献。2022年上半年中国向东盟地区的跨境电子商务出口额同比增长98.5%。在中国与东盟国家间的合作中，跨境电商作为一种新的商业模式正在迅速兴起，给双方的经济和贸易带来了新的发展动力。中国与东盟贸易具体规模如图5-3所示。

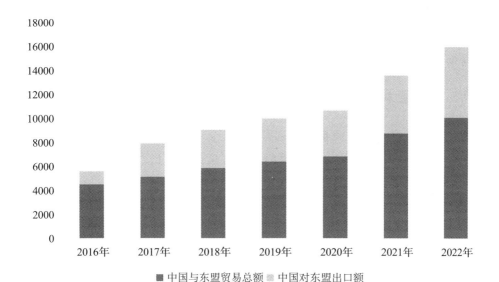

图 5-3　中国与东盟贸易规模（单位：亿美元）

（数据来源：海关总署）

（二）中国与东盟跨境电商合作不断加深

在中国-东盟自由贸易区建设和"一带一路"倡议推动下，国内各级政府部门和相关企业、行业组织，已经利用各种形式与东盟有关国家和企业展开合作。早在2017年，商务部就分别与柬埔寨商业部和越南工贸部签署了关于电子商务合作的谅解备忘录。2019年10月，《中华人民共和国政府与新加坡共和国政府关于升级〈自由贸易协定〉的议定书》生效，其中新增了关于电子商务领域的内容，提出完善监管政策，进一步增强了对线上消费者权益的保护。2020年，中通快递（泰国）有限公司、中海安（北京）咨询有限公司、中国海外安全研究所与泰国清迈政府联合成立了中泰跨境电商孵化园，专门帮助中国跨境电商企业一站式落地泰国，辐射东盟市场。2021年6月，中国与新加坡在自由贸易协定升级后举办了第二轮谈判，重点探讨了开展服务贸易和投资负面清单市场准入的问题。

特别值得注意的是，由东盟发起并主导的《区域全面经济伙伴关系协定》（RCEP）在2022年1月1日正式生效，协定通过减免关税、加强对线上消费者个人信息保护、推广无纸化贸易等一系列举措，为中国-东盟跨境电商高质量发展提供了新机遇。

中国与东盟跨境电商合作的深入,有利于降低我国跨境电商卖家出海成本,帮助中小企业克服使用电子商务的障碍。

(三)东盟市场上中国企业的身影日益增加

近年来,中国跨境电商企业在东盟市场上取得了不俗的成绩。全球儿童用品领先品牌"好孩子",致力于母婴商品的跨境销售,已经拓展到新加坡、马来西亚、菲律宾等国家;Tenda是一家专注于无线网络设备研发、制造和销售的中国企业,公司的路由器、Wi-Fi中继器、桥接器等产品远销80多个国家和地区,其在菲律宾和印度尼西亚等东南亚国家的跨境电商渠道运营良好;OPPO自2016年起开始挖掘国际市场,与印度尼西亚、泰国、马来西亚等当地合作伙伴联手,共同开拓本土市场,并通过跨境电商模式成功拓展东南亚市场,在马来西亚,OPPO Pad位列电子配件畅销品前五。

此外,不少中国品牌在东盟跨境电商平台上的表现也十分出色。例如,在马来西亚的Lazada平台上,RELX(悦刻)电子雾化器在健康与美容类目中成为畅销品之一,大疆无人机在电子配件畅销品排行中名列前茅。国产品牌小米的扫地机器人和宇森医疗(COXO)的牙科设备在越南市场颇具竞争优势。

这些企业能够成功进入东盟跨境电商市场,在竞争激烈的市场中脱颖而出,离不开对当地市场和消费者需求的深入了解以及自身强大的产品和技术实力。它们在中国-东盟跨境电商合作中扮演着极为重要的角色,这些企业从自身优势出发,逐渐与东盟国家建立起了深度的商务关系。它们的成功经验也值得每一个跨境电商企业学习借鉴。

第四节 中国产品在东盟市场上的竞争力分析

一、类别丰富,供应链完整

中国是制造业大国,是世界上唯一拥有联合国产业分类当中全部门类的国家，产品类别丰富、涵盖广泛，包括生活用品、时尚家居、婴儿用品、3C电子产品等各个领域，能够满足东盟地区消费者日益增长的需求。此外，经过多年的发展，中国长三角、珠三角等经济发达地区相关产业上下游供应链已经较完整，适应市场需求变动的能力强，可以支持工厂针对市场需求变化在制作工艺、产能等方面迅速做出调整。

二、价格优势明显，深受喜爱

中国的产品以价格优势在东盟市场上得到了广泛认可，这也是很多海外消费者购买中国产品的主要原因。由于我国超大市场的规模效益、具备较成熟的生产体系、高效率的生产技术，中国企业能够相对降低生产成本，产品的价格在国际市场上的竞争优势相对突出。中国还积极参与区域贸易合作组织的建设，如澜湄合作等，为做好双边和多边贸易合作，积极开拓国际市场和建立合作伙伴体系，会在价格方面做出一定的让步。加上东盟国家整体消费水平较低，商品客单价普遍较低。根据TMO Group网站整理的Shopee平台相关销售数据可以发现，最受欢迎的服装与时尚产品价格集中在5~10美元，畅销的家电类产品均价在34~100美元，因此物美价廉的中国产品必将受到东盟国家消费者的喜爱。

三、产品互补性强，认可度高

中国和东盟各国在进口和出口货物上存在着很强的互补性，这也为跨境电子商务提供了一个很好的补充条件。东盟各国以其热带雨林、资源工业、矿藏等优势而闻名，矿产资源比较丰富。因此，东盟主要向中国出口机械产品零部件、矿物燃料、塑料及其制品以及食品，主要从中国进口电子机械设备、医疗或外科器械和仪器、太阳能电池、显示器等高附加值产品。

东盟统计数据库显示，我国对东盟的出口优势产品集中于机电、机械器具、钢铁、石油等工业制成品、零部件和原材料等，近几年家居类产品也增长较快。可以看出，中国与东盟的贸易产品具有一定的互补性，而在跨境电商贸易产品方面更是如此。TMO Group发布的东南亚六国电子商务品类报告显示，电子产品及配件类产品、健康与美容类产品、服装与时尚类产品是较受消费者青睐的三个品类。以泰国和越南为例，这三个品类在Shopee平台上的销售额均排在前三位，图5-4和图5-5描述了具体数据。中国则对东盟国家的保健品、乳胶枕、热带农产品以及其他优质特色产品需求较大。同时，根据中国-东盟商务与投资峰会的调查数据，中国企业在东盟跨境电子商务贸易中主要涵盖以下商品类别：新鲜食品、医疗保健品、服装鞋帽、数字科技产品、彩妆护肤品、母婴用品。

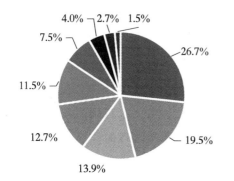

图5-4　2023年2月Shopee泰国各品类销售额占比

（数据来源：https://www.tmogroup.com.cn/）

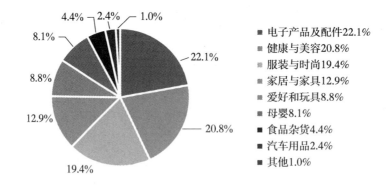

图5-5　2023年4月Shopee越南各品类销售额占比

（数据来源：https://www.tmogroup.com.cn/）

另外，东盟国家中也有不少海外华人，他们对中国产品有较高的认同感，其中，新加坡、马来西亚、印度尼西亚和泰国等地的华人，对中国的电子产品，尤其是移动电话产品的认同感很高。这为中国企业在东盟地区进一步拓展跨境电商市场奠定了良好的基础。

四、产品结构单一，同质化严重

虽然中国是制造业大国，产品种类丰富，但是从单个企业的角度来看，现在大多数的跨境电商中小企业所经营的产品主要是服装类、数码3C类和家居类，产品结构比较单一。此外，一些中小企业在知识产权方面表现出较弱的特征，当产品销售热点出现时，它们就蜂拥而至，用复制、模仿等方式来抢占市场。这样做不仅难以保证产品品质，而且导致商品同质化严重，缺乏核心竞争力，不利于企业长期发展。

五、品牌知名度低，文化不同营销受阻

中国大多数跨境电商企业，特别是小微企业，过于关注眼前的利润，未进行长远考虑，忽视了品牌形象的建设。尤其是服装鞋帽类产品，很多出口企业都是无牌出口或贴牌出口的代工厂，出口的服装鞋帽中较少拥有自主品牌。欠缺能与国际著名品牌相比的知名度和品牌价值，在一定程度上会降低中国产品在海外市场的竞争力。

此外，东盟国家众多，经济文化差异大，各种不同宗教信仰共存。面对复杂的市场环境，中国企业需要针对不同国家消费者的消费特点，采取不同的营销策略，这大大加大了中国企业的营销难度。对不同国家消费者消费习惯的分析和了解，是一个长期的过程，也必将增加企业的运营成本。

第五节 中国企业开拓东盟跨境电商市场面临的挑战

一、物流周期长，缺乏系统性的物流仓储系统

在跨境贸易中，地理距离一直以来都是限制双边贸易发展的关键性因素。因此，物流效率就显得尤为重要，这也是中国企业开拓东盟跨境电商市场面临的第一大挑战。从宏观的角度看，一是东盟地理环境复杂，物流基础设施建设差异大，一些较为落后的国家和地区的基础设施如港口、公路、铁路等还比较薄弱，运输能力不足，导致物流成本过高、效率偏低。二是许多东盟国家的物流行业在信息技术应用方面较为滞后，缺乏系统性的物流仓储系统，导致货物调度、仓储管理、订单跟踪等方面受制于人工操作，限制了各个环节的协同运作效率。三是东盟国家之间的贸易条款、法律法规、海关手续等不尽相同，清关流程复杂烦琐，导致海路、陆路口岸通关不协调，物流周期长。从微观层面来看，东盟国家的物流企业一般都比较小，缺乏中国类似"四通一达"的大型企业，信息化建设有待提高，总体上运输效率与服务质量都不能令人满意。

二、市场快速发展，跨境电商人才短缺

随着中国与东盟跨境电子商务合作的不断深化，行业对电子商务专业技术人员的要求日益提高。2021年清华大学国家服务外包人力资源研究院调研显示，中国超过70%的跨境电商企业表示，缺乏专门的技术人员是企业面临的一个重要问题。根据阿里巴巴国际站2021年的预测，在中国的跨境电子商务领域，专业人才缺口超过600万人。市场快速发展导致跨境电商人才缺口，从业者需要具备网络营销、网站运营、交易平台操作、供应链管理等多方面能力，还要熟悉不同国家的语言、文化和法律法规，但目前大部分从事跨境电商的国

家还处在探索阶段，尚未形成成熟、有效的人才培养体系，从高等院校电商专业毕业的学生往往理论知识丰富而缺乏实操经验。当前跨境电商从业者多为单一专业型人才，这也成为东盟发展跨境电商的瓶颈，因此亟须培养复合型的跨境电商人才以支撑中国-东盟跨境电商可持续高质量发展。

三、支付方式差异大，跨境结算受限

中国与东盟跨境电商合作发展需要解决支付方式不匹配的问题。中国采用第三方移动支付如支付宝、微信和信用卡等，而从表5-1可以看出，东盟各国的支付习惯存在较大差异且高度分散。就具体国家而言，最受泰国和马来西亚电商买家欢迎的支付方式是银行转账，比例分别达28%和46%；在新加坡，银行卡是最受欢迎的电子商务支付方式，使用率高达75%；而在菲律宾，货到付款是最主要的支付方式。伴随着中国与东盟国家网上支付方式巨大差异而来的便是跨境结算问题。东盟各国的跨境电商支付方式和外汇制度存在较大差异，限制了资金的流动性，严重阻碍了跨境电商企业之间的汇转和跨境电商企业的资金回笼，从而降低了跨境电商企业的竞争力。此外，目前东盟还未设立专职机构去处理跨境电商支付环节中遇到的问题，支付安全和消费者信息保护还不到位。

表5-1 东盟部分国家电子商务支付方式占比　　　　单位：%

国家	电子钱包	银行转账	货到付款	银行卡	其他
印度尼西亚	17	29	13	34	7
马来西亚	6	46	11	32	5
菲律宾	8	29	37	22	4
新加坡	10	10	4	75	1
越南	14	26	21	35	4
泰国	20	28	20	19	13

（数据来源：根据《2022年全球支付报告》数据整理得出）

四、经济文化差异大，市场环境复杂

东盟地区市场环境十分复杂。首先，东盟地区国家众多，民族宗教多样化，马来西亚和印度尼西亚以伊斯兰教为主，泰国为佛教国家，菲律宾为基督教国家，导致不同地区消费者对产品的需求和细节要求有所不同；其次，东盟因历史原因语言繁多且多数是小语种，使得语言沟通障碍较严重，容易造成客户购物体验欠佳；最后，东盟各国经济发展水平差异较大，导致不同国家居民的消费水平和消费习惯区别很大。这些因素共同导致了东盟复杂的市场环境，使得中国跨境电商企业在发展东盟市场前需花更多的时间，了解该地区的经济、文化、宗教和语言背景，不仅增加了中国企业开拓东盟跨境电商市场的运营成本，也容易让企业陷入扩张业务规模的发展瓶颈。

第六节 中国企业开拓东盟跨境电商市场的对策

一、构建企业自营物流网络，实现仓配一体化

为改善东盟跨境电商存在的物流问题，中国电商企业可以采取以下对策。对于有志于在东盟跨境电商市场长远发展的企业来说，应该积极地参与到与东盟国家之间的港口、铁路、航空等物流配送系统的对接与整合计划中，建立起自己独立的物流网络，建立起一套适合于跨境电商综合平台的物流服务体系，同时也要提升其时效性和配送服务的品质，进而在市场中占有更大的份额。同时，通过获得国家政策的支持，具备能力和资质的企业可以建立海外仓，实现仓配一体化，提高商品周转速度，满足当地消费者的需求，降低国际物流环节中的时间成本和运费等。企业还可以通过技术手段优化物流运营模式，如智能调度、数据分析等，提高物流信息透明度和监管水平，降低出现问题的风险，

确保货物安全、准时到达消费者手中。这些举措将有助于提升中国企业在东盟跨境电商市场中的影响力和品牌价值。

二、加强校企合作，加速跨境电商人才的培养

面对因市场快速发展，跨境电商综合性人才供需失衡的现实情况，中国企业应通过多种方式加速跨境电商人才的培养。首先，加强校企合作。企业可与国内各高校合作建立实习基地或生产实践基地，与学校开设的课程互为补充，给予学生更多实践机会，两者有机结合，提高学生的实操能力。其次，企业可定期在公司开设跨境电商人才培训课程，加强员工知识和技能培训。每年定期组织技能培训和知识分享活动，组织员工学习最新政策，提高员工的跨境电商相关知识水平和行业经验，提高他们的工作效率和综合素质，打造能够有效适应市场需求和具备强大竞争力的人才队伍。最后，可积极引进业界优秀人才，或者选派员工去到东盟国家进行深入学习，在真实环境中感受东盟文化特色，提升其跨文化交际能力，助力企业开拓东盟跨境电商市场。

三、使用人民币跨境支付系统，降低外汇风险

不同国家/地区使用的支付方式不同，中国的电商企业需要考虑将当地的支付方式纳入支持范围，以便顺畅地完成交易付款。企业还可以探索与东盟国家支付机构合作，例如与当地的银行或支付服务提供商建立合作关系，以便更好地为消费者提供本地化支付方式。另外，东盟作为跨境人民币结算试点地区，在人民币国际化进程中发挥着重要的示范和引领作用。2022年，中国与东盟国家的人民币跨境收付金额达49120.3亿元，较2019年翻一番。对于我国跨境电商企业来说，为了减少外汇风险，降低支付成本，可以尝试使用人民币进行国际结算。此外，对与跨境支付、结汇制度相关的监管体制进行完善，强化行业内的风险共享与协作，提升整体支付风险的防控能力，也是一种重要的解决办法。不断加强研究与开发，提高支付体系的保密性与唯一性，为跨境交易的各方提供一个更加安全可靠的支付环境。

四、细分市场，划分不同的消费群体

因经济文化差异大，东盟市场环境十分复杂。以其网购习惯为例，中国产品在印度尼西亚市场的接受度适中。当地消费者对价格敏感，喜欢享受折扣优惠，主要从社交媒体中获得促销信息，偏好的商品种类包括美妆个护、母婴用品及配饰等。菲律宾消费者则倾向于中国智能手机、美妆个护及家居用品或本地找不到的商品。泰国顾客很愿意尝试新品，但大众化的款式更容易受到他们的喜爱。跨境电商企业想要短时间内占据全部东盟市场是不可能的，特别是处于探索阶段的企业。中国跨境电商企业想要开拓东盟跨境电商市场，首先要做的就是细分市场，先占据一部分市场份额，再一步步地扩大规模。

五、加强产品研发，重视品牌建设

不断优化产品设计。根据市场需求及市场反馈，开展创新设计，强化产品差异化竞争优势，提高产品质量，确保产品品质和消费体验。根据东盟市场的特点，如当地气候、文化特色、口味偏好等，适时设计符合本地需求的商品，使企业赢得更多的关注和信任。投入一定的人力、物力和财力进行品牌广告宣传与渠道推广工作，将目光放到更追求品质生活的消费群体上，并结合中国自身的优势和特色，进行品牌故事讲述等正面形象推广，灵活运用新媒体进行精准营销，快速增加产品销量，提升品牌影响力。同时，企业应严格遵循法律规定和商业道德，完善售后服务体系，从而提高消费者对品牌的信任度和好感度。

六、实施本土化战略，提升购物体验

实施本土化战略是中国跨境电商企业开拓东盟跨境电商市场的重要途径，企业可以从以下几个方面来开展。第一，多维度了解当地文化和消费习惯。开展市场调研，深入了解当地文化和消费习惯，包括当地的传统节庆、礼仪习俗、社交方式、宗教信仰等，灵活调整产品类型、价格和销售策略以更贴近当地需求。第二，建立当地团队和网络。跨境电商企业要建立健全当地服务团队和代理网络，对本土情况和市场进行更直观、准确的预判，从而更好地与当地消费者沟通和交流，发现更多的销售机会，不断拓展东盟跨境电商市场。第三，选择合适的销售平台和营销渠道。不同国家和地区常用的销售平台存在差异，针对当地主流的电商平台和社交媒体开展营销宣传。同时，结合当地市场的实际情况选择合适的销售方式和渠道，如可以与当地小型批发商或经纪人合作降低进入门槛。

第六章
数字乡村建设下中国农产品跨境电商高质量发展对策

第一节 跨境电商助推乡村振兴

一、研究背景与意义

乡村振兴是为推动农业农村现代化而提出的一项重要战略，是推动农业农村现代化的必然选择。乡村振兴战略的意义主要体现在以下几点。① 保障国家粮食安全：乡村振兴战略旨在提高农业生产效率和农产品质量，确保国家粮食安全，满足人民群众日益增长的物质文化需求。② 促进农民增收致富：通过发展现代农业、乡村特色产业和乡村旅游等产业，提升农民收入水平、缩小城乡收入差距，实现共同富裕。③ 维护社会稳定：乡村振兴战略有助于解决农村剩余劳动力就业问题，提高农民素质及农村社会治理能力，维护社会稳定。

数字乡村建设是乡村振兴的战略方向，也是推进数字中国建设的重要内容。2021年，《中华人民共和国国民经济和社会发展第十四个五年规划和2035年远景目标纲要》提出"加快推进数字乡村建设"，《"十四五"国家信息化规划》将"数字乡村发展行动"列为十大优先行动之一，并做出明确部署。

2024年发布的《中国数字经济高质量发展报告（2023）》显示，数字经济正以新技术、新主体和新模式为内在驱动因素助力乡村振兴。报告认为，在新技术方面，大数据、云计算、区块链等新兴数字技术与农业、农村和乡村振兴有效融合，正在改变和优化传统资源配置模式，为农业现代化提供新机遇。在数字技术应用和数字经济发展过程中，数字经济助力乡村振兴逐步提高了供应链、产业链和价值链发展质效，并促进农业、农村和乡村市场的数字化、网络化和智慧化发展。在新主体方面，报告显示，在数字经济与实体经济融合的过程中，我国涌现了以京东、中国联通等为代表的一系列新型实体企业，它们是助力乡村振兴的新主体。新型实体企业在着力推动技术创新、主动接触多元市场主体、支持农业经营者进入数字生态圈、提供应用型服务以及培养数字化人才等方面具有特殊优势。在新模式方面，报告指出，从数字化发展水平看，我国已经形成了数字经济助力农业农村发展和乡村振兴的信息平台模式、单品数字化模式、农业产业园模式和三产融合发展模式，较为有力地提高了"三农"数字化发展水平，有效提升了乡村振兴发展质效。

由此可见，数字乡村是农村信息化建设的重要组成部分，同时也是推进新时期农村发展的系统性工程，是实施乡村振兴战略的内在要求和必然结果。

数字乡村建设在助力产业兴旺方面，可以推动农村电子商务、互联网创业创新，实现农村数字经济的产业化。例如，被誉为"鱼米花果之乡"的福建漳州，富有"平和琯溪蜜柚""六鳌红薯""乌石荔枝""黄金百香果"等各类特色水果、蔬菜生鲜农产品，通过"互联网＋"销售渠道，2018年漳州市蜜柚发货1008万件、销售4000万千克，销售额2.6亿元以上，"平和琯溪蜜柚"入选"全国五十强农产品电商品牌"；"六鳌红薯"销售500万千克，销售额4000万元以上，有效提升了产品溢价。

随着数字经济大潮席卷全球，阿里巴巴国际站以助力构建双循环新发展格局为己任，积极响应、配合乡村振兴战略，紧密围绕数字乡村建设总体目标，发挥自身优势，让数字技术深度融合、全方位赋能乡村传统产业的转型升级，而完成这一艰巨任务的深度、广度和难度，并不亚于打赢脱贫攻坚战。

近年来，数字乡村建设全面铺开，越来越多的农民"接电触网"，农村电商发展显著提速。在传统贸易活动中，我国农产品在整体贸易水平中占比不大，农产品贸易完全不占优势。但是近年来随着我国对农产品的重视，以及世界范围内有关农业数字化进程加快，我国的跨境贸易中，农产品贸易的占比显著增加。其中，跨境电商贸易方式对农产品贸易起到了特别重要的作用。《中国农村电子商务发展报告（2021—2022）》显示，2021年全国农村网络零售额2.05万亿元，同比增长11.3%，占全国网络零售额的15.66%；2022年上半年，全国农村网络零售额9759.3亿元，同比增长2.5%。其中，农村实物商品网络零售额8904.4亿元，同比增长3.6%。在我国，保税电商是农产品跨境电商贸易的主要模式，2021年，全国综合保税区实现进出口值5.9万亿元，同比增长23.8%，较同期全国外贸进出口21.4%的增幅高2.4个百分点，占同期全国外贸进出口值的15.1%，对我国外贸的贡献率达16.5%。这表明，我国农产品贸易的发展仍然具有较好的发展前景。

未来，在数字经济助力乡村振兴过程中，要持续完善乡村数字经济基础设施，以特色产业引领乡村振兴全面发展，健全乡村振兴多元投入机制，着力构建全链条现代化、数字化服务新体系，健全数字化发展理念和政策逻辑，完善紧密型共享式利益联结机制。

乡村振兴战略下，农产品跨境电商对乡村振兴具有重要价值。首先，农产品跨境电商极大地增强了农产品供应链的稳定性，并促进了农民收入的较快增长，特别是在打赢脱贫攻坚战和疫情防控期间，农产品跨境电商发挥了独特作用，确保了农产品的稳产保供。其次，农产品跨境电商为乡村提供了新的农产品流通平台，拓宽了农民增收的路径，并且激活了乡村振兴的潜能。通过打造农产品品牌，提高产品的知名度和影响力，优质的农产品更容易在市场上脱颖而出。最后，随着"一带一路"建设的推进，农产品跨境电商将面临更大的机遇和挑战，这不仅有助于我国乡村振兴，还为打造区域特色农产品提供重要的支撑。同时，乡村旅游电商、县域生活服务在线化、农产品跨境电商等为农民提供了更多的就业和增收渠道。

2022年我国农产品电商交易规模5313.8亿元，农产品市场规模165334.17亿元，农产品电商渗透率3.21%。由此可见，农产品融合电商还有很大的发展空间。跨境电商作为电商行业的升级版蓝海领域，与传统电商有所区别，发展更为复杂，影响因素较多。

经历数十载，我国跨境电商行业经历了从构建信息平台、发展交易服务、完善生态链条到追求立体化发展的演变进程。当前，跨境电商已经成为全球贸易的一股新势力,我国网民规模突破10亿,是世界第一大网络零售市场,跨境电商增长尤为迅猛。商务部数据显示,2024年一季度,跨境电商进出口额5776亿元,同比增长9.6%,其中出口4480亿元,同比增长14%。根据各地初步统计,全国跨境电商主体已超12万家,跨境电商产业园区超1000个,建设海外仓超2500个、面积超3000万平方米,其中专注于服务跨境电商的海外仓超1800个,面积超2200万平方米。按照产业终端用户分类,各类电商平台包括以敦煌网、阿里巴巴国际站等为代表的B2B平台,以天猫国际、京东等为代表的B2C平台,以淘宝网、eBay等为代表的C2C平台,这些平台极大地推动了我国外贸事业的发展。

中国是农业大国,但农业贸易是短板,2020年我国农产品贸易逆差达947.7亿美元,农产品跨境电商目前尚处于初级阶段。近年来,多个中央红头文件强调农产品结合跨境贸易的重要性,提出要加大政策倾斜和农产品扶持力度,助推我国优质农产品走出去。在全球经济发展速度放缓的今天,我国应该把跨境电商作为新的贸易方式和农业结合,从而站在一个新的起点上。农产品跨境电商是蓝海中的蓝海,是还没有开发的良田,市场发展潜力巨大。农产品对接跨境电商,对于提升我国农民收入和促进农业转型有很大的帮助。

二、研究综述

由于农产品跨境电商整体还处于起步阶段,这方面的研究成果多是零散的,但是研究方向开始向系统性、全面性、多角度发展。越来越多的研究开始关注农产品跨境电商的发展,探讨该领域的发展策略、商业模式、物流管理、人才培养等诸多方面,为政策制定者、企业家和研究学者提供重要的参考和指导,同时这也表明农产品跨境电商领域尚有很大的研究空间和发展潜力,需要进一步深入探索和研究。具体来看,关于农产品跨境电商的文献研究主要分为以下四类。

第一类是对农产品跨境电商发展历程和现状的研究。李晶和韩振国(2021)基于阿里巴巴和京东的案例,对我国农产品跨境电商贸易的主要模式进行分析,提出当前农产品跨境电商贸易模式主要有地方特产跨境销售、生鲜产品跨境销售、跨境电商零散平台和跨境电商贸易平台，研究得出贸易信息化、交易多元化、电商智能化等方面对农产品跨境电商贸易具有重大推动作用。洪勇和李峰（2023）通过研究2020—2022年我国农产品跨境电商的发展现状，总结有关农产品跨境电商的相关政策，提出阻碍我国农产品跨境电商发展的主要问题有农产品跨境电商政策的系统性和协调性不足以及农产品跨境电商竞争能力比较有限，农产品跨境电商的未来发展趋势体现出规模化、品牌化、移动化、中心化和多样化特征。

第二类研究的重点集中在农产品跨境电商的细分领域。张颖（2023）分析了RCEP背景下河南省农产品出口发展现状，并针对目前河南省农产品出口存在的问题提出发展建议，认为在当前国际贸易不确定性因素增加的经济环境下，河南省农产品出口应充分利用RCEP规则促进农业产业链和供应链深度融合、重塑农产品价值链，发挥跨境电商赋能农产品效应，扩大农产品出口规模。朱琪珊和廖桂苓（2024）认为在数字经济蓬勃发展的时代背景下，四川省农产品迎来新的推广平台，但是四川省农产品出口贸易面临着跨境电商人才匮乏、农村物流运输不畅、农产品出口核心竞争力较弱等严峻挑战。为了更好地借助跨境电商平台，四川省应尽快培养适合农村地区的跨境电商复合型人才，完善农产品物流体系，打造当地特色产品，提升农产品核心竞争力。

第三类研究关注农产品跨境电商中存在的问题，如物流、法律、人才等。于林英（2022）认为，吉林省特色农产品跨境电商存在品牌建设不够、一些产品质量不达标、出口速度较缓等问题，解决这些问题需积极推进吉林省特色农产品品牌建设，积极拓展吉林省特色农产品市场，积极发展吉林省特色农产品产业，发展并利用跨境电商平台，促进吉林省特色农产品的出口。王叶倩（2023）认为制约农产品跨境电商发展的因素主要有地区发展不均衡、绿色贸易壁垒和国际物流运输能力有限，提出加大跨境电商建设力度、提升国际物流运力和企业绿色经营意识等对策。

第四类研究主要关注农产品跨境电商的经济效益和社会影响，包括其对农民收入、农产品出口、乡村振兴等方面的作用和影响。黄泽烨和周云岩（2022）以我国29个省级行政单位为研究对象，实证检验了中欧班列、物流效率对农产品跨境贸易的影响。研究结果表明，中欧班列开通和物流效率的提高有利于农产品跨境贸易额的增长，中欧班列与物流体系能够产生正向联动效果，中欧班列构成了本地物流体系的有力补充，进而赋能农产品跨境贸易规模增长。因此，各地区应该进一步优化中欧班列的顶层设计，提高区域物流运输能力，为外向型农业的发展创造有利的外部环境。孟祥铭和赵美悦（2023）从网络发展水平、通关效率和物流效率出发，利用主成分分析法，对2010—2019年与中国在农产品贸易上往来密切的33个国家的跨境电商发展指数进行测算，并将其作为核心变量，引入随机前沿引力模型进行实证分析。结果表明：各国跨境电商发展极不平衡；贸易双方的人均GDP、进口国跨境电商发展水平等对农产品跨境电商出口额有促进作用，国家间的距离对其有阻碍作用；中国对中东、非洲、欧洲国家进行农产品跨境电商出口贸易的效率较低，潜力值较大，对日本和美国进行农产品跨境电商出口贸易的效率较高。最后，在完善基础设施建设、加强专业人才培养、推进自贸区建设等方面提出对策建议。

综上所述，农产品跨境电商作为一种新兴形式已经取得了一定成绩，同时也面临着许多挑战和机遇。只有不断探索和创新，才能让农产品跨境电商在全球范围内发挥更加重要的作用，促进各国之间的贸易高质量发展。

第二节 中国农产品跨境电商发展现状

一、基础设施建设营造良好环境

伴随着城乡一体化进程推进，基础设施建设进一步加强，农村网络通信设施逐步完善，物流网点增多。中国互联网络信息中心发布的第53次《中国互联网络发展状况统计报告》显示，截至2023年12月，我国农村地区互联网普及率为66.5%，较2018年增长了28.1个百分点；农村网民规模达3.26亿人，较2022年12月增长1788万人，城乡数字鸿沟加速弥合。据农业农村部数据，2022年全国农业生产信息化率达到27.6%，较2021年增长了2.2个百分点。随着手机成为"新农具",数据成为"新农资",更高质量的农业生产模式吸引越来越多的农民投身智慧农业建设。

作为乡村数字经济"领头羊"的农村电商发展尤为迅猛。2023年,我国农村网络零售额达2.49万亿元,较2018年增长了81.75%;全国农产品网络零售额达5870.3亿元,较2018年增长了154.68%。在全国农村网络零售额中,2021年东部、中部、西部和东北地区农村网络零售额分别占全国农村网络零售额的78.7%、13.0%、6.5%和1.8%。东部沿海地区跨境电商贸易的农产品类别以生鲜类农产品为主,以长三角、珠三角地区为代表,这些地区也是我国传统外贸集聚地,政策和基础设施较好,人员从业经验丰富。

电商服务也向乡镇覆盖,目前电子商务已经基本涵盖农业生产、运输、销售各环节,形成了县级电子商务网络县—镇—村三级。近年来,商务部会同财政部等部门实施电子商务进农村综合示范,截至2023年累计支持1489个县建成县级电商公共服务中心、物流配送中心近3000个,村级电商服务站点超15.8万个,建立起覆盖县乡村的电子商务公共服务和物流配送体系,越来越多的农村居民看到了新业态带来的经济效益,享受到了数字经济发展带来的红利。

从以上数据可以看出,我国农产品生产规模庞大,且国内农产品电商发展逐渐成熟,具有农产品跨境电商发展的土壤和条件。

二、贸易规模增大

农产品跨境电商是跨境电商中的重要组成部分。农业农村部数据显示,2019年,我国农产品跨境电商贸易总额为52.9亿美元,同比增长19.2%,占我国农产品贸易总额的2.3%。其中,进口额为49.8亿美元,同比增长18%;出口额为3.1亿美元,同比增长44.2%。2020年,我国农产品跨境电商贸易总额为63.4亿美元,同比增长19.8%。其中,进口额为61.8亿美元,同比增长24.1%;出口额为1.6亿美元,同比减少48.4%,贸易逆差拉大。2022年,我国农产品跨境电商贸易总额为81亿美元,同比增长25.9%,比我国跨境电商进出口额的增速(9.8%)高16.1个百分点。其中,出口额为12.1亿美元,同比增长153%,比我国跨境电商出口增速(11.7%)高141.3个百分点;进口额为

68.9亿美元，同比增长15.7%，比我国跨境电商进口增速（4.9%）高10.8个百分点，如图6-1所示。未来，我国农产品跨境电商发展潜力巨大。

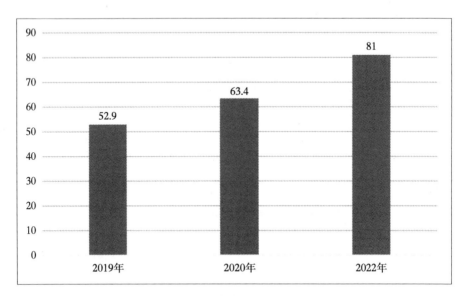

图6-1 中国农产品跨境电商贸易总额（单位：亿美元）

（数据来源：根据农业农村部数据整理得出）

我国农产品进口额排世界首位，出口额是世界第五。从贸易伙伴的角度来看，2019年我国农产品跨境电商进口的前五大来源地是澳大利亚、美国、新西兰、荷兰和德国。其中，来自澳大利亚、美国和新西兰的农产品进口额分别为11.45亿美元、8.53亿美元和8.51亿美元，占农产品跨境电商进口额的57.2%。2019年我国农产品跨境电商出口的前五大市场依次为中国香港、中国台湾、菲律宾、马来西亚和俄罗斯。其中，向中国香港出口农产品金额约3亿美元，占农产品跨境电商出口额的96.8%。近年来，我国农产品进出口在快速增长的同时，农产品贸易结构逐步向进口土地密集型农产品和出口劳动密集型农产品转变。未来，在我国农产品跨境贸易中电子商务将发挥更重要的作用。

从贸易产品的角度来看，畜产品是我国农产品跨境电商贸易中涉及最多的，2019年进口额为23.5亿美元（其中，乳品进口23.1亿美元），出口额为2.7亿美元（其中，乳品出口占比超过99%）。饮品类和水产品也是我国跨境电商重要进口农产品，2019年饮品类进口额达2.4亿美元（其中，无醇饮料进口1.3

亿美元，酒精及酒类进口0.5亿美元），水产品进口额达1.2亿美元（其中，鱼油进口占比约98.8%）。阿里巴巴国际站平台数据显示，2021年跨境电商农产品出口额比2020年增长118%，跨境电商农产品出口的前10大细分品类是新鲜蔬菜、冷冻产品、坚果及干果、新鲜水果、蘑菇与松露、豆类、观赏植物、动植物油、植物种子与鳞茎、木材原料。

三、新业态新模式持续涌现 →→

中国农产品跨境电商主要贸易方式包括电子商务、保税电商和保税电商A，且多以进口为主。近年来，农产品电商企业和平台加快数字化转型，呈现线上线下融合发展趋势，新型电商落地乡间田头，包括直播电商、预制菜电商等新模式快速发展起来。数字技术向"三农"领域逐步渗透、线上线下融合加速发展，推动县域农村电商迭代创新提速，直播电商、网红带货、社区团购、农旅直播等新业态新模式在县域掀起热潮，手机变成了"新农具"，数据变成了"新农资"，直播变成了"新农活"。

习近平总书记点赞"小木耳大产业"的柞水木耳，让陕西省柞水县金米村这个曾经的贫困村，走上了增收致富之路。2020年，依托木耳产业发展，金米村人均可支配收入达1.1万元。越来越多的农民通过网络直播、短视频平台等开展电商销售，为自家农副产品、文旅产品、原生态风光等"代言"，涌现了一批网红新农人。快手《2020年快手三农生态报告》显示，2020年"三农"创作者电商成交单数超过5000万，快手"三农"电商用户比2019年增长330%。也有很多驻华大使通过直播间带货的方式，把商品引进来和带出去，他们在快手、抖音等平台直播间的销售额快速增长，促进了我国与他国间的贸易合作。例如，2022年1月天猫"年货节"期间，埃塞俄比亚驻华大使亮相平台直播间为国家特产带货，取得了"4吨非洲咖啡5秒售罄"的亮眼成绩。

直播带货与展会活动也呈现出加快融合的新特点。中国国际进口博览会（以下简称"进博会"）、中国国际消费品博览会、中国国际服务贸易交易会、中国进出口商品交易会等展会通过推介的方式把各个国家的农产品推介到中国市场。以前，各个国家的商品到中国进行展销后还需要还回去，而现在，海关总署发出文件,进博会之类的展会开办之后,商品不用退回原有国家,可以直接在国内进行销售,极大地提升了贸易的便利化和自由化。

四、扶持政策不断完善

我国为跨境电商的发展发布了各种利好政策,并在不同地区、不同类型的试验区先行先试。跨境电商已成为外贸发展的新动能、转型升级的新渠道和高质量发展的新抓手,广东省商务厅数据显示,广东省跨境电商规模从2016年的228亿元增长到2021年的3310亿元,复合年均增长率达70.76%,2022年跨境电商综试区实现全覆盖。通过各地、各部门共同努力,广东省基本建立完善跨境电商政策发展体系,跨境电商主体不断壮大,产业集群迅猛发展,创新模式领跑全国。数据证明,这样的方式对跨境电商的发展确实有促进作用。同时,为逐渐完善我国特色的跨境电商模式,我国发布了多部重要文件促进跨境电商综试区的建成和发展,并在模式、管理、制度、服务等方面持续优化、改进。

五、出口监管模式不断创新

跨境电商在飞速发展的同时也带来了新的监管问题,与传统贸易相比,跨境电商模式下的对外贸易具有碎片化、频率高的特点,这对海关而言监管会面临更大挑战。近年来,各地海关根据实地情况纷纷探索监管新模式,为农产品跨境电商监管模式的创新出谋划策。为提高出口效率,在原来的"1210"模式("1210"模式为备货模式,主要功能为化整为零,跨境电商网站通过将预备销售的货物通过整批打包的方式发至国内保税物流中心,通过线上销售模式将货物零售给买家同时进行清关。未销售的货物继续保存在保税物流中心,无需报关,未销售的还可直接退回国外)和"9610"模式("9610"模式是指已经售出的商品,存放区为保税仓库的暂存区,等待清关和国内运输)基础上进一步推出了"9710"(又称"跨境电商B2B直接出口",是指买家与卖家在线上达成交易后,将货物通过物流直接送至买家手中)和"9810"(又称"跨境电商B2B出口海外仓",是指卖家在海外设置仓储处,将货物存放在仓储处中,买家与卖家在线上达成交易后,由卖家所持有的海外仓直接发货)两种模式。两种模式的增加在一定程度上避免了农产品中生鲜类产品在运输过程中易腐烂的问题。例如,2021年8月,甘肃省首单跨境电商B2B直接出口("9710")货物在天水顺利通关。2021年9月,以济宁大蒜为代表的山东地区的农产品,通过青岛海关创新实施的"跨境电商+转关"的出口申报模式成功出口至东盟市场。

第三节　我国农产品跨境电商出口中存在的问题

一、农产品供应链机制不健全

首先,我国虽然在农业发展方面有多年的经验,但是仍然面临着因地区不同发展出现不平衡不充分的问题,我国农产品产业链与电商基地建设等多个方面亟待完善。我国东部地区的发展势头高涨,其生产体系逐渐规模化,产品质量得以把控。但是中西部部分地区,尤其是一些经济落后地区,生产设备落后,工艺粗糙,导致农产品的质量没有标准化,生产体系未实现规模化。

其次,农产品源头污染和农产品农药残留等问题会影响农产品质量。虽然我国跨境电商发展迅速,但是跨境电商在农产品中的应用仍存在许多不足,比如农产品的监管体系不完备等。在这样的情况下,跨境电商的飞速发展可能会带来消极效果,特别是在出口到经济发达国家时,由于发达国家对农产品的要求较高,我国出口的农产品质量可能存在不达标问题,从而无法在市场上架,进而阻碍跨境贸易的发展。例如,我国近年来与东盟之间的农产品贸易合作中,由于我国出口的部分农产品存在大量农药残留问题,东盟对我国出口的农产品制定了更为严格的标准。若不及时采取措施,跨境电商的发展速度将会放缓甚至停滞不前。

最后,跨境电商供应链信息技术水平低下也会导致跨境电商平台发展速度放缓。加强对供应链的管理，需要相应的技术水平和行业经验。跨境电商平台的发展对电子商务、大数据、信息化管理等技术水平提出了更高的要求，在这些要求无法被满足的情况下，跨境电商的发展就会受阻。尽管经过近几年的发展，但许多商家仍然没有做好差异化营销，尤其是线上、线下的差异化营销，导致差异化量化不足，营销进展举步维艰。此外，虽然建立了农产品双出口供应链，但是部分商家在忽视消费者感受前提下追求更高的利益。同时，部分商家也未能针对农产品的双出口供应链采取基于线上、线下的差异化营销策略，导致营销水平无法提升。此外，跨境电商平台作为多元化销售平台，平台上所销售的商品呈多样性分布，不仅包括农产品，还涉及高新技术产品、家居产品及其他工业产品。正因如此，在农产品营销方法没有一定创新时，很难利用电商平台提高农产品的出口销量，这也不利于农户获得更多收益。

二、物流配送体系痛点

中国的跨境物流体系尚不完善，跨境物流网络缺乏系统规划，物流技术尤其是农产品领域的冷链物流技术还不够成熟，冷库容量小、功能相对落后，覆盖区域也有限。对于供应链较长的跨境电商业务而言，如果其中一环出现问题，都会影响农产品的品质。同时，不完善的跨境物流体系和物流技术使得货物的运输效率低下，货物在途时间过长，买家通常需要足够的耐心等待货物到达，低效的跨境物流甚至会导致买家退货。

整体来看，我国跨境物流配送体系仍然处于发展低位，不仅供货能力不足，还存在配送效率低及溯源体系不完善的问题。在大力提倡数字化供应链模式背景下，农产品跨境运输如果要实现平衡性发展，就需要着眼于全流程培养，增强物流体系管理能力，突出对农产品的品控、溯源和物流等方面的管理能力。此外，在我国农产品进出口中物流成本长期处于比较高的位置。跨境电商物流相较传统的国内物流有着高频次、零散单的特点。我国的跨境物流体系还处在初级发展阶段，要实现传统物流向现代国际化物流体系的转型还需要克服很多困难。

农产品中部分特殊产品在运输过程中需要冷链支持，与发达国家相比，我国在技术方面相对落后。同时，长途冷链运输中还存在物流中转站少、基础设施不完善等问题，可能导致农产品质量无法保证，进而影响买方的期待，导致未来交易机会的减少。

三、跨境电商平台管理水平低下

首先，跨境电商平台存在虚假宣传和过度营销的现象。在农产品跨境电商发展的初级阶段，许多商家为了获取平台的流量和网页的点击量而编造虚假信息，做出违规承诺等。其次，跨境电商平台存在收费过高的问题。跨境电商商家的流量大部分由平台推广获得，而平台在对商家进行推广时需要收取一定的费用，比如刊登费、成交费、月租费、单件销售费等。根据电商商家的不同所收取费用标准也会不同，但是不可否认的是，在电商平台和电商商家之间，关于价格的制定，电商商家往往处于弱势地位，很多情况下不得不遵守电商平台所制定的价格规定和收费标准。最后，跨境电商平台普遍存在平台服务覆盖不全面、不平衡的问题。跨境电商商家需要在网络平台上学习如何运营电商商铺，如产品图文的编辑、发布等，各平台所制定的标准不同因而要求商家提供的模板也会不同，从而进一步增加了电商商家的成本。

四、交易双方的不对称信息获取

农产品跨境电商出口通过在线平台进行交易谈判。在线交易模式虽然能帮助买卖双方快速协商并达成协议，但也存在一定的风险。在线平台上的虚拟交易使得买卖双方获取的信息不对称。如果一方在交易过程中提供虚假信息或实施欺诈，另一方可能无法第一时间发现并采取措施，从而导致利益受损。同时，在线平台的局限性也使得产品的售后服务极易缺失，这大大增加了农产品跨境电商出口的风险。此外，有些农产品跨境电商出口平台没有完整的信息保护系统和信用机制。信用体系建设相对薄弱，信息安全无法得到保障，加之相关法律法规不够健全，企业信息保护意识不强，可能导致买家的私人信息保护不足甚至利益受损。这将进一步影响跨境电商与农产品出口的整体发展。因此，信息获取和信息安全方面的风险值得关注，这些风险关系到农产品出口企业的声誉，并且会影响农产品跨境电商出口的未来发展。

五、农产品出口质量标准不均衡

在农产品跨境电商出口领域，制定科学统一的农产品质量标准将起到重要作用，有助于避免出口的农产品质量参差不齐，无法满足进口商或消费者的质量要求。目前，由于农产品出口质量标准不统一，部分跨境电商企业对出口农产品的质量并未进行严格管理，或对农产品的生产环节并未严格控制。许多农产品的生产标准与国际标准不相符，一些企业只满足于简单生产农产品，或盲目追求产品产量而忽视质量，出口农产品中有机物含量超标的情况并不少见。中国作为农产品的主要出口国，出口农产品质量检验不合格的情况也时有发生，不仅造成了经济损失，也损害了中国农产品的声誉。此外，不同的跨境电商平台规则各异，对农产品的标准要求也不一样。特别是一些发达国家对农产品的质量要求严格，这使得农产品的跨境电商出口充满挑战。

六、人才储备不足

农产品跨境电商出口的从业人员需要了解农产品贸易知识，具备一定的农产品贸易经验以及对国际农产品市场的理解，掌握电商、外语、物流、法律和电子技术方面的专业知识，更需要了解目标市场的消费需求、国际市场动态等。在过去该领域的人才需求不大，政府对相关人才的培训政策和培养机制尚不成熟，与农产品跨境电商相关的培训机构数量相对较少，导致相关人才输出滞后，人才缺口日益增大，人才培养无法满足企业需求，农产品出口企业面临人才缺口。为此，一些企业开始大量引进人才，甚至出现了企业利用不良竞争手段争夺人才的情况。这种状况不仅会破坏行业的良性竞争氛围，也会对农产品跨境电商出口的可持续健康发展产生负面影响。

第四节
RCEP生效对中国-东盟农产品跨境电商高质量发展的机遇与挑战

RCEP由东盟发起，邀请中国、韩国、日本、新西兰和澳大利亚加入，其目标是建立自由贸易统一市场。自东盟2012年启动RCEP以来，成员国经历了多轮谈判，最终该协定于2022年1月1日生效，这意味着它正式成为世界上最大的自由贸易协定，为全球自由贸易的发展带来了重要机遇，并为中国对外贸易提供了重大便利。该协定覆盖的成员国经济体量和贸易总额均约占全球总量的30%，协定包括电商领域合作的展开、贸易便利化措施的实施等，这为中国-东盟农产品跨境电商带来难得的发展机遇。近年来，我国已有多种农产品以跨境电商的方式远销海外，如山东的鲜姜、大蒜等。

一、RCEP生效对中国-东盟农产品跨境电商发展的影响

农产品一直是中国最传统的贸易产品。在RCEP协定签署前，中国与东盟已组建中国-东盟自贸区，双边贸易自由程度已达到一个较高的水平。近年来东盟已成为我国最大的贸易伙伴，泰国、印度尼西亚、越南均进入我国农产品进口国排名前十，双边贸易快速发展，2013—2022年农产品贸易额年均增长率均超10%。在2013年"一带一路"倡议提出之前，中国对东盟的农产品出口略有波动，但在"一带一路"倡议提出后，中国与东盟的贸易关系日益密切，借助于跨境电商平台，中国对东盟的农产品出口呈现出逐年稳步上升的趋势。

相对于东盟十国，中国对日本和韩国的农产品出口相对较大，日本和韩国是中国重要的农产品出口市场，在2022年我国农产品出口市场中分列第一和第三位。主要是因为日本和韩国相对缺乏农业发展的自然条件而有着巨大的进口需求。相对于RCEP其他成员国，澳大利亚、新西兰两国手握充裕农业资源的同时采用高机械化、高集约程度的生产方式，兼具发达国家和农业强国两大特

质。两国皆奉行贸易自由化政策，在中澳、中新自贸协定中，双方农产品贸易自由度已达到较高水平，而RCEP签署生效则促进了双边贸易的快速增长，提升了农产品市场开放和便利化水平，对农产品贸易产生了较强拉动作用。RCEP协定生效后，中国对澳、新农产品出口快速增长，2022年同比分别增长35.0%、41.5%。而农产品自澳大利亚进口增长也较快，2022年同比增长21.0%，自新西兰进口增长4.8%。

中国-东盟自贸区最先开放的市场就是农产品市场，加之RCEP生效实施，降税和贸易便利化措施对农产品、食品贸易投资产生了积极效应。RCEP生效实施后的2022年和2023年，中国与东盟的农产品贸易持续增长，2022年突破4000亿元，同比增长19.8%，2023年达到4229亿元，同比增长3.3%。RCEP生效实施，为泰国、越南、印度尼西亚等东盟国家的水果、坚果、动植物油脂等众多农产品对华出口提供了更多便利。2023年，中国自东盟国家进口鲜榴莲476.9亿元，同比增长74.6%，是2021年的1.8倍。同时，中国的葡萄、鲜梨等温带水果、蔬菜，以及果汁、罐头等加工食品对东盟出口也呈现持续增长态势。2023年，中国对东盟国家出口大蒜90亿元，同比增长40.1%，是2021年的1.2倍。

可见，RCEP生效实施后，农业贸易领域表现亮眼，区域内绝大多数成员农产品贸易快速增长，其中澳大利亚、马来西亚、韩国、泰国、中国等实现两位数增长。2022年1—11月，中国、泰国、韩国农产品贸易额同比分别增长10.2%、11.6%、16.7%；2022年1—10月，马来西亚、澳大利亚农产品贸易额分别增长20.2%、20.6%。RCEP在中国-东盟自贸区基础上进一步扩大开放，贸易便利化程度显著提升，推动双边农业贸易往来更加紧密。

二、中国-东盟农产品跨境电商发展的机遇

（一）我国与东盟农产品交易规模大、跨境电商发展速度快

作为分别有14亿多和6亿多人口的两大市场，中国和东盟升级合作，为双方带来了更强劲、更长久的发展动力。得益于中国-东盟自贸区和区域合作伙

伴关系，中国连续15年保持东盟第一大贸易伙伴地位，东盟连续4年（2020—2023年）成为中国的第一大贸易伙伴。海关总署数据显示，中国与东盟国家双边贸易从2004年的8763.8亿元增至2023年的6.41万亿元，年均增长11%，较同期中国外贸整体增速快3个百分点，占中国外贸总值比重由2004年的9.2%提升至2023年的15.4%。

2023年东盟成为中国农产品第二大进口来源地。2024年前8个月，中国进口东盟农产品1613.4亿元，其中干鲜瓜果、食用水产品分别增长0.6%、2.7%；中国对东盟出口农产品1034.3亿元，其中蔬菜、苹果、葡萄出口分别增长17.2%、23.8%和26.1%。我国对多个东盟国家的农产品出口持续增长，跨境电商B2B简化商品申报手续也有较大发展。

（二）跨境电商平台农产品种类丰富且交易活跃

农产品跨境电商进口方面，主要平台包括京东国际、淘宝、顺丰优选、中粮我买网等。以京东国际为例，热销的农产品包括马来西亚和印度尼西亚的咖啡、泰国的果汁、泰国和越南的坚果、泰国的糖果、新加坡的方便面、菲律宾的鱼罐头等。农产品跨境电商出口方面，主要平台包括全球性的电商平台，如亚马逊、eBay、阿里巴巴国际站等，以及区域性的电商平台，如Lazada、Shopee。我国的农产品供应商可以通过Lazada电商平台将肉类罐头和冰冻海鲜产品销售到东盟市场，也可以通过Shopee电商平台将面条、茶叶、零食、中药材、酱料、饮料销售到东盟市场。

（三）农产品跨境电商的交易模式创新

农产品跨境电商模式主要有B2B、B2C、C2C等。阿里巴巴国际站是全球较大的B2B跨境电商网站，交易的农产品类目丰富，包括蛋类、豆类、新鲜蔬果、冷冻蔬果、饲料等。亚马逊作为全球较大的B2C网站，农产品供应商销售粮油食品、酱汁、冷冻或罐装的蔬果、冷冻或罐装的鱼类肉类等。eBay作为世界上交易量最大的C2C网站，常见的农产品包括植物及植物种子、水果及水果罐头、粮油食品等。

F2B是一种农产品跨境电商创新模式，F指农村各自分散的农户，B指农产品经营企业，F和B之间的有效对接由农村中自发形成的新型农产品电子商务专业合作社完成。随着网红带货和直播带货的兴起，越来越多的进口农产品在社交平台上热销，为跨境销售注入新动力。

（四）我国与东盟农产品跨境电商发展空间巨大

首先，RCEP的签署给中国-东盟跨境电商发展带来红利，破除关税壁垒和非关税壁垒。在2021年举行的中国-东盟建立对话关系30周年纪念峰会上，我国表示将力争在未来5年从东盟进口1500亿美元农产品。其次，农产品进出口贸易有良好的上升潜力。从公布的我国农产品对外贸易月度变化来看，从2020年10月到2021年10月，我国对东盟的贸易每月均为逆差。

自贸区与RCEP的红利叠加带来难得的发展机遇。《中华人民共和国与东南亚国家联盟关于修订〈中国-东盟全面经济合作框架协议〉及项下部分协议的议定书》在原产地规则和贸易通关协定方面都降低了门槛，促进双边农产品贸易发展，RCEP削减关税，使贸易更加便利。

三、中国-东盟农产品跨境电商面临的挑战

（一）我国农产品年度进出口贸易存在逆差

从2020年至2022年7月，我国动物产品、植物产品和动植物油脂三大类商品的进口总值都比同期出口总值高，充分证明这些产品我国需要外来供应补足。

（二）跨境物流体系仍需改善

在中国国际贸易促进委员会研究院发布的中国-东盟跨境电商相关报告中，受访企业表示，与东盟国家开展跨境贸易时，双方都存在基础设施不完善、物流效率低等问题。农产品由于自身的特性，跨境电商采用传统物流，货物容易变质。世界银行发布的《2023年全球物流绩效指数报告》显示，我国物流绩效指数为3.7，综合排名由2018年的26位升至20位，保持了稳步上升的趋势，其中，物流基础设施、国际货运时效两方面评分相对较高，达到国际先进水平。

物流基础设施评分排名超过美国、法国等发达经济体,硬件环境建设取得良好成效。东盟十国中,新加坡指数最高,达到 4.3,排名世界第一,其余国家的指数为 2.4~3.6。我国物流行业应继续发挥优势,在不断完善物流基础设施建设的基础上,进一步提升国际货运时效的稳定性和高效性。同时,要加大在物流服务的精细化管理、信息化建设的深度拓展以及供应链协同的优化创新等方面的努力,以全面提升物流绩效指数。对于东盟国家,我国可积极开展物流领域的合作与交流,分享经验与技术,共同促进区域物流的协同发展。

(三)农产品标准、质量监控和法律监管不完善

很多新颖独特的农产品都通过跨境电商平台步入国际市场,实现了国际知名度、销售量和市场信誉的大幅提升。但是,这个过程中却屡次发生农产品知识产权侵权现象,主要包括农产品专利权、植物新品种权、商标权和地理标志权侵权。这些问题的存在打破了农产品在跨境电商领域内的公平竞争局面,导致各方利益均受到不利影响,严重影响了我国农产品的国际贸易发展。

农产品知识产权的侵权现象给跨境电商贸易多方带来损失。为此,要同时从完善立法、加强执法、开展行业内部自治、提高知识产权保护意识和加强法律援助等多方面入手,为拥有知识产权的跨境电商农产品提供保护。只有这样,才能促进这一领域的健康发展,使各种优质农产品在国际竞争中占有一席之地,大力推动我国农业产业和跨境电商行业的可持续发展。

第五节 我国农产品跨境电商出口的对策

一、经验及启示

(一)国外农产品跨境电商模式特点

国外农产品电商模式主要以美国、日本为代表。美国是最早开始将电子商

务用于农产品销售的国家,其在农产品电商领域积累了丰富的经验并形成了成熟的运营模式。日本农产品电商销售有类似于传统商超转型而来的网络超市以及电子交易所新模式,电子交易所将农产品所有信息公开,维护市场公平和价格稳定。

1.美国行业集中度较高,专业化发展趋势明显

受电子商务泡沫的影响,2001年美国农产品电子商务网站开始减少,不同农产品种类的电子交易平台数量大幅减少,且有许多规模较大的电商兼并融合形成更大的电商交易平台,如TheSeam是由多个大型棉花生产加工企业联合形成的棉花电子交易平台,这些交易平台集中在某几家企业手中。

在美国农产品电商市场集中度提高的同时,市场势力较强的电商企业专业化经营趋势明显,交易规模占行业总交易规模的比例也很可观。如亚马逊的农产品频道不仅提供丰富的选择,还通过其强大的物流系统确保快速配送,适合需要高质量、快速配送的消费者。这些电子商务网站不断提高专业化服务水平,并将产品按地区、种类、产业链进行分类,建立集产品、物流、信息、服务等于一体的农产品电商体系,也就是形成了产业集群专业化发展。同时,美国的科学技术和市场竞争成为农产品跨境电商发展的主要推动力,网络通信设施完善、网络技术普及、基础设施建设完善全面,都推动着农产品跨境电商的发展。

2.日本信息服务体系相对完善

日本与美国的农业制度截然不同。受地形和人口因素影响,日本农业长久以来呈现小规模经营特征,土地细碎化问题突出。当前,日本农业机械化程度高,农产品标准高、品质较好,知名度也较高,且注重品牌建设。日本农产品电商网站的品牌效应较大,"八百屋"平台在日本有较大的影响力,农业生产者直接与其对接,保障农产品品质,类似于"京东自营"。日本因地制宜发展地域农业信息系统,发展农产品电子商务,推进IT技术在农场中的应用,早在1994年底就已开发农业网络400多个,计算机在农业生产部门的普及率达到93%。20世纪90年代初,日本建立了农业技术信息服务全国联机网络,即电

信电话公司的实时管理系统（DRESS），该系统可收集、处理、存储和传递来自全国各地的农业技术信息，实现全部联网信息共享。此外，日本还建立了两套农产品服务系统，即销售服务系统和价格预测系统。

（二）启示

观察美国几家大型农产品电商，如 Local Harvest、Farmigo（社区团购）、亚马逊生鲜，可以了解到其配送模式特征与我国的电商平台并无太大差异，主要在线下资源整合能力、线下物流设施、相关法律完善程度以及农业生产模式方面有所不同。美国实行农场制经营模式，在农业发展方面有其自身的特点和优势。中国的农业生产实行家庭联产承包责任制，在过去的一段时间里，部分农民群体在科技文化素质方面有待进一步提升。然而，中国一直在积极推动农业现代化建设，通过各种政策和措施不断加强农民的科技培训与文化教育，致力于提高农民的整体素质，以适应现代农业发展的需求。日本在农业技术方面也比较先进，重视农业科研和技术创新。日本农村地区广泛应用高效种植技术、农业机械化和农产品加工技术等，提高了农业生产的效率和产品的附加值。

因此，我们的发展重点应集中在以下几点：加强基础设施建设、建立标准化体系、建立农业信息服务体系网、健全电子商务法律法规、推进新型职业农民队伍建设等。

二、中国农产品跨境电商出口的优化对策

（一）完善跨境物流体系，创新物流模式

农产品具有新鲜度高、保质期短的特点，对物流有较高的要求，因此加强物流系统的建设显得格外重要。大数据时代，跨境电商应运用信息化的方式，将农产品跨境电商物流链上的各个企业、平台以及管理部门联合起来，通过"互联网＋"、大数据等手段将物流过程中的数据进行共享，提高物流效率。

第一,各级政府应进行合理规划,构建完整的跨境物流网络,扩大物流网络的覆盖范围,提高各地区的物流效率,并积极与其他国家和地区合作,提升国家整体物流水平,在提高跨境物流效率的同时,为农产品跨境电商出口提供支持。

第二,相关企业应加强冷链物流技术的研究,不断提升农产品物流技术。农产品中,生鲜物品相较普通的农产品对物流时效的要求更高,并且通常要求冷链运输。而冷链运输的物流基础设施成本在普通物流运输成本的几倍之上。因此,建设冷链物流体系不再是企业单独的使命,而应提倡各地政府根据本土冷链运输发展情况,对冷链系统物流节点的规划、基础设施的建设以及冷链设备的引进等进行合理安排,在政策上鼓励相关企业增加技术投入,在技术开发阶段提供人力和物力支持,并且对从事冷链物流的相关企业可以适当给予财政补贴,减轻企业的资金压力,提高其积极性。

第三,提升农产品跨境物流专业化服务水平。鼓励物流平台与相关企业联手,集聚各个主体拥有的资源,打造一个贯穿于整个物流链的能够实时有效监控货物情况的大数据平台,从而推动农产品跨境电商物流朝着更加专业化的服务水平迈进。

第四,对于物流成本问题,在已有的贸易方式下,可以引入F2B2C(Factory to Business to Customer)模式。在该模式下,经营者或者制造商不再通过第三方平台来销售农产品,而是借助第三方平台的流量优势对自身的农产品进行展示,将最终用户引至自有平台进行交易。该模式有利于三方主体的发展,对于经营者而言,第三方平台的流量优势为自身吸引到大量客户,降低了交易中所需要的成本。对于购买者而言,该模式提供了经营者的一系列信息以及出售商品的许可,保证了产品的质量,维护了购买者的权益。对于第三方平台而言,借助平台流量优势,吸引更多的经营者在平台投放广告,进而得到更多的收益。

(二)扩大对交易信息的访问范围

公共信息交换服务平台的建立不仅可以帮助买家快速准确地找到愿意交易的卖家,还缩短了农产品跨境电商交易的持续时间。同时,买家可以通过更多渠道了解卖家的相关信息，如卖家的信用信息、历史交易记录等；卖家也能通过新渠道第一时间了解买家的需求，避免货物滞销。提高在线平台功能的多样性，提高农产品跨境电商交易双方信息获取的准确性，不仅能降低交易风险，还能在一定程度上保护双方的利益。通过网络协商，减少中间环节，缩短流程，有利于增加农产品跨境电商的出口量，促进农产品跨境电商出口业务的迅速发展。此外，政府可以加强对信息的监管，针对在线平台交易中的虚假信息或欺诈行为制定相关法律法规，强化对在线平台的监督和监控。

（三）建立农产品质量标准化体系

针对农产品质量标准化体系不完善的问题，首先，政府及相关部门应积极协作制定相关政策和法规，建立和完善农产品出口质量标准，对出口农产品的质量进行约束，海关等相关部门应对每一次检查更加严格。其次，农产品的产地也是制约农产品质量的关键因素。随着信息技术的发展，跨境电商平台可以通过大数据追溯农产品的产地，并对不同农产品的状态进行监控和评级。只有符合标准的农产品才能通过跨境电商出口，从而从源头上提高农产品质量。最后，政府可以对通过跨境电商出口质量不合格农产品的企业实施处罚或其他惩罚机制，对出口高质量农产品的企业给予表扬和奖励，以减少企业出口不合格产品的行为，促进农产品跨境电商出口的健康发展。

农产品质量标准化体系建设有两个方向：第一是推动农产品质量标准化体系建设同国际标准对接，提高农产品检验检疫标准和产品运输标准等；第二是通过网络信息化手段如大数据和云计算来建立追溯机制。跨境电商涉及不同国家之间的业务往来且网络具有虚拟性，监管上存在一定难度，因此应推进实名认证制度，健全信用信息公共服务制度，出台相关法律法规，保障各方参与主体利益。

（四）重视跨境电商人才培养

农产品跨境电商发展离不开专业人才的支持，而我国跨境电商相关的专业人才缺口过大。因此，行业应当明确人才培养的目标，这也意味着要适应市场，需要加强培养与市场相匹配的人才。我国跨境电商领域若想取得一定的成绩，不仅需要有着电商专业知识的人才，还需要外语方面的复合型人才。首先，高校在培养电商方面的专业人才时需要注意，在培养方案中应考虑跨学科交叉知识的传授，并且要以就业为导向培养出市场需要的专业跨境电商人才。其次，高校在培养阶段需要注意理论知识与实践相结合，加强学生实操能力的训练，从而降低企业的培训成本。最后，加强校企融合，通过实习实践教学，让学生了解一般电商与跨境电商的不同，以及跨境电商规模型企业需要的人才类型，这能帮助学生在今后的学习中具有更加明确的目标。

高校需要改变培养人才的思路，乡镇也要开展相关专业人才的培训。农村跨境电商在创人才、留人才方面还需要应对大城市对人才的虹吸效应。在被人才选择时，要积极解决跨境电商人才"返乡、入乡"后的具体问题。当地直接培养人才也是非常好的方式，这需要政府部门的大力支持。首先，相关政府部门和相关行业协会要制订人才发展规划，根据当地特色产业的发展情况，制订对口产业的跨境电商人才培养计划，解决人才短缺问题。其次，基于跨境电商人才属于复合型人才这一特点，人才的培养还需要注重其他专业相关知识的学习，各地行业协会要发挥协调作用，通过组织跨地区学习等方式，提升当前紧缺人才的综合技能；也可由政府相关部门牵头，联合行业协会和跨境电商平台共同培养专业人才，促进乡镇特色产业的跨境推广工作。最后，可以对农产品跨境电商人才的培训机构给予教学补贴或其他优惠政策。跨境电商专业人才的培养需要社会各界的合作与支持，只有社会各界共同努力，才能逐步完善人才培养机制。

在企业层面，可以通过提高紧缺人才的福利待遇吸引专业人才就职。此外，对于刚毕业但缺乏相关经验的大学生，入职前提供岗位培训，入职后采取"以老带新"的方式提升新员工的经验值，帮助他们尽快将专业知识融入实际工作中，提高新员工在农产品跨境电商出口业务技能方面的熟练度。人才是农产品跨境电商网络建立的基础，从业人员不仅要有较高的技术素养，还要对农产品销售有所了解，并懂得一些外贸知识乃至英语。现阶段人才缺乏，可以先从农民培训开始，对他们进行简单初步的培训使其能够基本完成相关工作，再结合高校和科研机构对电子商务人才进行全面培养。

（五）优化供应链

在供应商的选择上，首先要对供应商的生产活动进行实地考察，同时在合作过程中要不断对供应商进行监督，以确保其供应的产品符合出口标准。其次，跨境电商平台可建立自己的供应链体系，运用多商家模式，降低供应风险，通过竞争保证产品质量，还可以在产品大规模出现问题时及时更换。服务方面需要农产品跨境电商企业建立健全的反馈机制，还要做好售后服务，保证消费者遇到任何问题都能得到及时的解决。

要想从源头解决中国农产品跨境贸易供应链发展问题，必须从现实出发，优化跨境电商出口渠道运作流程。一方面，从政策出发，注重对农业的扶植。在关税方面，通过制定政策为先进农业示范单位提供税收补贴，利好企业，以大企业为龙头，为农业发展和农产品销售指明道路。扶持已经具备产品规模和国际影响力的农产品企业，不断扩大中国农业和中国农产品的国际竞争力。另一方面，为提高跨境电商行业产品和服务品质，标准化是必要的，尤其是跨境物流服务标准、网络设施标准、出口成本管理标准，建立试点提高农产品的生产品质和工艺标准。同时，农产品跨境贸易的改进还需要重视线上线下的营销结合，重视产品的贸易服务管理，积极寻求新的国际贸易发展方式。从销售平台自身出发，梳理自身已有的资源并进行整合，提高安全意识，解决跨境贸易服务落后问题，并建立规模化、标准化的国内外仓储体系和售后服务体系。

针对我国东西部发展不平衡问题，我国跨境电商应当优化资源配置。东西部发展不平衡的问题在一定程度上导致了跨境电商发展迟缓。缩小地区间的发展差异，有利于为落后地区的跨境电商贸易提供保障。具体可以从两方面进行。第一，优化营商环境。良好的营商环境对于企业来说有很大的吸引作用，西部部分地区对国家的政策存在落实不到位的问题，从而难以吸引规模大的企业扎根本土。因此，相关政府部门应转变思维，制定并实施更严格、更利于企业的管理体系，同时应当转变当地人员的思想意识，健全当地的规章政策。第二，西部地区跨境电商发展落后的原因之一是当地的信息技术相对落后，这不仅要求吸引技术人才还要完善基础设施建设。政府部门可以加大信息方面建设的投入，将更多资金用于建设基站、信号网和光缆等基础设施。在客观条件达到要求的情况下升级跨境电商服务、物流服务等,积极实现信息共享和通关一体化。

(六)优化营销模式

第一类是生鲜类农产品。这类农产品的特点是数量多、库存大,产品本身易变质,所以销售的主要目的是在保证利润的前提下快速销售,想要大规模对接跨境电商,首推"B2B2C+垂直类农产品+预售制度+海外仓"模式,即以B2B为主、B2C为辅。现阶段我国部分地区还未完全脱离传统的农业模式,没有形成核心竞争力,基础设施建设还存在很大不足,只有依托垂直类农产品跨境电商平台成熟的冷链物流体系和销售渠道,才可以更好地解决问题。同时,农产品销售要符合目标国市场需求,需要提前了解目标国的市场准入准则,并能够对消费能力做出预测。

第二类是粗加工类农产品。此类产品产量低但是可以满足消费者个性需求,这类产品的可销售性太小,能上架的产品不多,且适合单品价值量大的货物,如干货型、绿植类部分产品。粗加工类农产品受众面较小,推荐"C2C+社交性购物平台+海外仓"模式。社交性购物平台,如国内的拼多多,类似的跨境电商平台有东南亚的虾皮网、美国的Wish等。

第三类是垂直类工业标准化农产品。相对其他类产品,垂直类工业标准化农产品的优势很强。不仅物流时效对其影响较小,产品品质有保证,能做到全年出售,而且受天气季节变化影响较小,有较好的溯源机制,适合跨境电商所有模式。对于此类产品,推荐"B2C+多平台+海外仓"模式,如果能再进一步形成"垂直类加工企业+产业聚集+自建站"模式,就可做到稳出单、多批量、快运送,从而达到利益最大化,比如亚马逊多仓联运,对于生鲜类农产品相当适用。

(七)加强基础设施建设

地方政府应整合资源,不断深入打造跨境电子商务综合试验区和电商产业园,搭建国家级、省级重点外贸综合服务平台,为外贸企业以及跨境电商提供全链条服务。大力培育引进跨境电商市场主体,建好跨境电商人才基地,做大做强跨境电商产业规模，形成产业集聚，以本地区优质优势农产品为核心，加强品牌建设。同时，加大投入推广和政策倾斜，建设跨境物流基础设施，如道路、冷链冷库，打造一体化物流，增加网络覆盖面积。

（八）健全法律法规

对于农产品大规模对接跨境电商过程中出现的税收、通关、退税、支付以及消费者权益等问题，我国应该从跨境电商环节流程特点出发，结合国际贸易规则合理制定相关法律法规，提升税务部门、海关监管能力。一方面，通过国际对话合作打通通关环节；另一方面，政府应制定相关的权益保护法律法规，设立相关的监督部门，对农产品跨境电商中涉及的企业和消费者的权益问题进行规范、保护及监督。

第七章
湖北省跨境电商高质量发展研究

跨境电商是推进内外贸衔接联通、经济一体化发展的重要载体,对加快建设全国构建新发展格局先行区具有重要作用。湖北省要成为国内大循环的重要节点和国内国际双循环的重要枢纽,跨境电商跨越式、高质量发展势在必行。

第一节 湖北省跨境电商发展状况

一、湖北省跨境电商监管模式

跨境电商出口业务按海关监管方式不同,主要分四种监管模式。第一种是"9610",全称"跨境电子商务零售出口",又称"直邮出口",即国内跨境电商企业对境外个人出口零散货物;第二种是"9710",即"跨境电商B2B直接出口",是指境内企业利用跨境电商平台与境外企业达成交易后,通过跨境物流将货物直接出口至境外企业;第三种是"9810",即"跨境电商B2B出口海外仓",是指境内企业先将货物通过跨境物流出口至海外仓储,利用跨境电商平台实现交易后再从海外仓送达境外购买者手中;第四种是"1210",即"保税跨境贸易电子商务",简称"保税电商",适用于境内个人或电子商务企业,在经海关认可的电子商务平台实现跨境交易,并通过海关特殊监管区域或保税监管场所进出的电子商务零售进出境商品。

如图7-1所示,湖北省在以上四种监管模式的基础上还采用了适用于小批量小商品出口的"1039"市场采购模式。自2016年起,武汉汉口北国际商品交易中心相继开展国家市场采购贸易方式试点、商贸流通服务国家级标准化试点、湖北省外贸综合服务试点等重要贸易改革试点。2017—2021年该交易中心进出口额保持平均46%的增幅,总额超107亿美元,基本形成"市场采购＋跨境电商＋外综服"的外贸新业态融合的"汉口北模式",开拓性提出"海外仓备货"模式,使汉口北成为中部地区外贸发展较为活跃的地区之一。

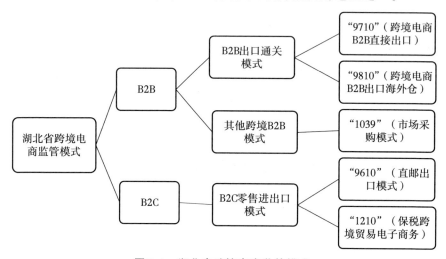

图7-1 湖北省跨境电商监管模式

二、湖北省跨境电商SWOT分析

(一)优势

1.基础设施完善

1)交通基础设施

长江自西向东流经湖北省的8个市州,得益于这一得天独厚的优势,湖北省长江航运以势不可挡的态势持续发展。湖北省的38个港口中有5个主要港口位于长江，2021年湖北省深层次整合全省港口资源，促使湖北省港口在规划、建设、管理、运营四方面达到一体化。湖北省的交通体系以武汉为中心四通八方，将湖北省各市州紧密连接为一个整体，武汉、襄阳、宜昌是"八纵八横"高速铁路网的重要节点。

从地理位置上看，湖北省位于我国中部，拥有得天独厚的地理优势，在中西部地区有着明显的区位优势，已经形成了水路、公路、铁路和航空多位一体的综合运输网络。贯通湖北省的长江将上海、南京、九江、武汉、宜昌、重庆等十余座经济实力强大的城市连成一串，对湖北省水路运输的建设起到了非常重要的作用。这种区位优势是中部其他省份无可比拟的。其突出的港口和航运设施的建设优势为跨境物流的发展提供了坚实的支持，这也是武汉未来成为支撑、带动中部地区跨境电商物流发展的中心城市的独特优势。

综上所述，湖北作为"九省通衢"的商业中心和市场节点，具有长江航运、港口、铁路、空运等运输网络，已初步形成了一个完整的立体运输系统，有利于紧急状况发生时转变运输方式，也能降低运输货物的物流成本。

2）数字化基础设施

跨境电商行业的繁荣发展一定程度上得益于互联网行业的崛起。根据《中国互联网发展报告2023》蓝皮书，在2023年中国互联网发展指数综合排名中，广东、北京、江苏、浙江、山东、上海、福建、四川、天津、湖北的互联网水平位居全国前列。在6个分项评价指数中，湖北省在基础设施建设指数、创新能力指数、数字经济发展指数、网络安全指数4个维度中进入全国前十。这是该指数发布以来，湖北省第六次上榜。

蓝皮书还详细介绍了湖北省近年在互联网发展方面的成就。湖北省以数字经济赋能高质量发展，加速智慧社会建设；全面开展"千兆城市"建设，实施中小城市云网强基行动，促进全省所有县级城市云网融合加速演进，推动新一代信息技术保障能力下沉到县级城市，持续推动农村网络覆盖水平提升；武汉正式获批创建国家区块链发展先导区，华中地区首个"星火·链网"骨干节点在汉阳率先上线；推动数字核心产业聚优势、提能级，武汉光电子信息产业集群获批国家级先进制造业集群；持续推进跨域通办，一体化政务服务能力不断提高，政务事项办理效率和便捷度大幅度提升；加快网络安全人才培养步伐，加强一流网络安全学院建设；工业互联网产业联盟湖北分联盟、武汉人工智能产业联盟、武汉人工智能研究院等先后成立，不断加强数字湖北智力支撑。

3）产业基础设施

湖北省已经形成了较为雄厚的生产加工能力，是我国中西部地区实力较强的工业和制造业大省之一。近年来，湖北省凭借优势禀赋，在关键核心技术领域持续发力，推动先进制造业高质量发展，拥有光电子信息、新能源与智能网联汽车、生命健康、高端装备、北斗五大优势产业，产业基础设施不断完善和升级。湖北省各市州的产业发展各具特色，武汉市以发展光电子信息产业、航空航天产业等为主，武汉光谷是我国首批光电子信息产业基地，武汉邮科院光纤通信生产和研发实力雄厚，这为依靠电子信息技术发展的电子商务提供了坚实的基础；襄阳、十堰、随州以汽车及零部件产业占据主导地位；宜昌、荆州、荆门、恩施的经济发展则是以新能源材料产业和农业产业为重点。

4）自贸区、跨境电商综试区和综合保税区建设

2016年8月，湖北省获批建设中国（湖北）自由贸易试验区（以下简称湖北自贸区），分武汉、襄阳、宜昌三个片区，从占地面积来看，武汉片区所占比例几乎达到7/12。三个片区按照功能加以区分，分工协作式地推动湖北省跨境电商的发展。武汉片区依托先进的科学技术致力于发展现代服务产业；襄阳片区凭借支柱产业汽车业的优势大力发展新能源汽车产业，同时发展大数据等产业；宜昌片区发展高新技术产业等。此外，截至2023年，湖北省拥有武汉、黄石、宜昌、襄阳4个跨境电子商务综合试验区（以下简称跨境电商综试区）及6个综合保税区。这都有利于湖北省跨境电商稳定增长、转型升级，保证湖北省跨境电商的健康持续发展。

2. 外贸基础良好

湖北省良好的进出口贸易现状为企业积极发展跨境电商提供了良好的环境和市场基础。2023年，湖北省外贸进出口实现了稳中求进、进中提质的目标，主要呈现六个方面的特点。

一是进出口规模创历史新高，向好态势进一步巩固。从整体规模看，2023

年湖北省进出口规模近6500亿元，创历史新高。进出口总值在全国排名第15位，比2022年提升2位。进出口总体增速、出口增速、进口增速均高于全国平均水平。从全年走势看，一季度进出口1403.8亿元，二、三季度进出口规模均超过1500亿元，四季度外贸稳定向好态势持续显现，当季进出口达到1900亿元。

二是经营主体活力充足，民营企业是外贸增长主力军。随着湖北省营商环境持续优化，外贸经营主体显著增多。2023年，湖北省有进出口实绩的外贸企业突破8000家，比2022年净增895家。其中，民营企业进出口4428.7亿元，增长15.3%，占湖北省进出口总值的68.7%，比重较2022年提升了5.7个百分点，拉动进出口总体增长9.6个百分点，是湖北省外贸增长的主要力量。

三是贸易伙伴多元共进，"一带一路"占比提升。2023年，湖北省在对传统市场保持稳定增长的同时，积极开拓新兴市场，对包括美国、欧盟、英国、日本以及我国香港地区在内的传统市场累计进出口2277.7亿元，增长2.4%，占湖北省进出口总值的35.3%。同期，对非洲、印度和墨西哥等新兴市场分别进出口404.9亿元、271.7亿元和130.9亿元，增速均超过10%。此外，对共建"一带一路"国家进出口3090.2亿元，增长12.3%，占47.9%，比重提升2.8个百分点。

四是区域发展更趋平衡，优势产业构筑多点支撑。湖北省各市州抢抓机遇期，在外贸领域各放异彩。2023年，武汉市进出口在消费电子产业复苏、汽车产业逐渐壮大的结构性调整中承压前行，进出口3606.2亿元，增长2.9%。此外，除武汉市外其他16个市州合计进出口增长9.6%。其中，黄石依托铜冶炼、电子产业发展，进出口增长20.3%，外贸规模连续7年居全省第2；宜昌依托化工、农产品以及医药材产业，全年进出口增长12.1%。

五是出口动能丰富活跃，产品结构不断优化。2023年，湖北省出口机电产品2215.9亿元，增长13.5%，占湖北省出口总值的51.1%。同期，出口劳密产品777亿元，增长37%，占17.9%。机电产品中，电动载人汽车、锂离子蓄电池和太阳能电池等"新三样"产品合计出口160.8亿元，增长91%。汽车零配件、家用电器出口分别增长21%、65.7%。手机、集成电路出口均呈回暖态势，四季度分别增长25.8%、4.9%。

六是内部需求持续恢复,大宗、消费产品进口规模扩大。2023年,湖北省进口大宗商品3681.1万吨,增加63%;价值638.6亿元,增长45.4%,占湖北省进口总值的30.2%。其中,铁矿砂、铜矿砂和煤炭分别进口2415.7万吨、175.2万吨和797.9万吨,分别增长39.9%、65.9%、854%。同期,进口消费品155.8亿元,增长35.6%,占7.4%,较2022年提升1.5个百分点。其中,食品烟酒类、交通运输类、日化用品类消费品进口分别增长30.7%、901.6%、59.6%。

3. 政策扶持力度大

国家不断挖掘跨境电商行业的潜在商机,大力发布支持类和规划类的政策以鼓励跨境电商行业的发展。支持类政策大多围绕"支持跨境电商发展,鼓励创新"等具体阐述;规划类政策通过对跨境电商的发展制订具体的规划,采取实质的措施促进其发展。

2018年7月,武汉获批建立第三批国家跨境电子商务综合试验区。2019年1月,武汉跨境电商综试区正式启动。据湖北省对外公布的《中国(武汉)跨境电子商务综合试验区实施方案》,综试区主要任务是重点建设线上综合服务平台、线下综合园区平台、人才综合服务平台"三大平台",以及信息共享、金融服务、智慧物流、信用管理、统计监测、风险防控六大体系。2023年,湖北省商务厅、武汉海关发布《关于进一步提升跨境贸易便利化水平、促进外贸降本增效若干措施》,出台22条"干货满满"的措施,旨在从提升通关效率、支持新业态发展、降低企业通关成本、深化税收征管改革和增强企业服务效能五方面持续优化口岸营商环境,促进湖北外贸降成本、增效能,实现高质量发展。

总的来说,中央政府、湖北省政府不断推出相关政策促进行业的发展,政策的大力支持吸引更多跨境电商企业加速发展步伐,也促使跨境电商行业更加规范化。

4. 巨大的创新潜力

湖北武汉作为全国高校第三大聚集区,围绕武汉周边建设的湖北综合科研与教育机构实力强大。根据教育部公布的全国普通高等学校名单,截至2024年

6月，湖北省共有133所大学，其中本科学校68所，专科学校65所。《中国基础研究竞争力报告2024》显示，湖北省基础研究竞争力连续第六年位居全国第六。2023年，湖北省财政科技投入经费397.84亿元，全国排名第八；湖北省拥有8个国家重大科技基础设施，全国排名第六；全国重点实验室18个，全国排名第七；省级重点实验室212个，全国排名第十四；省实验室10个，全国排名第三；湖北省共有50个机构进入相关学科的ESI全球前1‰行列，全国排名第五；发明专利申请量共5.9万件，全国排名第八。武汉东湖新技术开发区是中国首批国家级高新技术产业开发区、第二个国家自主创新示范区，并获批国家光电子信息产业基地、国家生物产业基地、央企集中建设人才基地、国家首批双创示范基地等。武汉集聚了大量的高等教育机构和科研院所，拥有丰富的智力资源，创新潜力大，在未来具有爆发式发展的可能。各大高校可以源源不断向社会输送跨境电商人才。

（二）劣势

长期以来，湖北省经济对外依存度不高，这为构建以内循环为主的双循环格局提供了先天条件。但跨境电商是连接内需和外贸的枢纽角色，客观上要求做强做优做大湖北跨境电商：以"卖全球"来升级省内企业生产制造、研发设计、物流营销等，以"买全球"来满足省内人民日益增长的美好生活需要。湖北省跨境电商起步较晚、发展较慢，与中部地区其他省份相比，落后态势较为明显。

1. 跨境电商综合试验区数量略显不足

具有先行先试性质的跨境电子商务综合试验区，既反映出较好的跨境电商发展基础，又承载着中央政府的改革期许。截至2022年底，国务院先后分七批设立165个跨境电子商务综合试验区。其中，湖北省有4个，分别是武汉（第三批，2018年）、黄石（第四批，2019年）、宜昌（第五批，2020年）、襄阳（第六批，2022年）。从数量上看，低于江西省（9个）、安徽省（6个）、湖南省（6个）、河南省（5个）。从获批时间来看，早在2016年，郑州、合肥就设立了跨境电子商务综合试验区，比武汉早了两年多。跨境电商的发展具有先发效应、马太效应,由此导致武汉与郑州、合肥的跨境电商发展水平存在一定的差距。

2. 跨境电商成交额水平不高

受公开数据所限,这里仅能从侧面来判断。① 亚马逊平台销售额。亚马逊是国际跨境电商 B2C 的头部平台。数魔跨境数据显示,2021 上半年,亚马逊平台上各省卖家销售额中,湖北省 4.49 亿美元,低于周边省份(河南省 8.84 亿美元、安徽省 5.95 亿美元、湖南省 5.24 亿美元),更是远低于东部省份(广东省 196.22 亿美元、浙江省 52.23 亿美元、福建省 30.57 亿美元、江苏省 15.95 亿美元)。② 2022 年跨境电商销售额。相关报告显示,2022 年,我国跨境电商进出口总额排名前五的省市区为广东省、山东省、浙江省、福建省、江西省,占跨境电商进出口总额的 69.7%。中西部地区的跨境电商增速较快,2022 年,我国跨境电商进出口增速排名前五的省市区为云南省、青海省、河北省、内蒙古自治区、四川省。由此可以看出,湖北省跨境电商发展滞后于其他省份,与广东省、浙江省等地差距非常悬殊。

3. 跨境电商企业数量较少

企查查数据显示,截至 2021 年底,我国有跨境电商相关企业 3.39 万家,企业数排名前十的省份分别为广东省(9291 家)、浙江省(3836 家)、山东省(3207 家)、安徽省(2865 家)、福建省(2216 家)、河南省(1582 家)、江西省(1351 家)、江苏省(1284 家)、湖南省(1216 家)、海南省(1154 家)。湖北省仅有 742 家,远低于周边省份。从增量来看,2021 年湖北省新增跨境电商相关注册企业 121 家,也远低于周边省份:安徽省(1766 家)、江西省(1021 家)、河南省(547 家)、湖南省(507 家)。

4. 人才储备不足

总体来说,湖北省缺失如下三种类型的人才:一是有思考能力的战略型人才;二是具有资金、技术、资源等优势的贸易合伙人;三是既深入了解跨境电商理论、实践知识,又具备优秀外语交流能力的复合型人才。首先,武汉虽有众多高校,但相关教育课程设置不够合理,再加上真正有学识的人才倾向于北京、上海、广州、深圳等发达城市,致使湖北省出现了留不住人才的现象。此外,除武汉外的湖北省其他市州,高校数量少,难以培养具备优良素质的专业人才。其次,目前的企业培训方案还不够成熟,无法适应行业发展的更新速度,同时,企业员工在新的情况下迅速应对紧急情况的能力有限,各方面素质需要进一步提升。

5. 区域性发展不平衡

湖北省的武汉、襄阳、宜昌等地区依靠其较为完备的基础设施和跨境电商综试区、自贸区发展的助推作用,跨境电商行业逐渐寻找到发展方向。但是,对于湖北省偏远的恩施州地区而言,物流运输系统不完善,信息化设备落后,资源缺乏整合,大多数产品难以出口,更难以开展跨境电商贸易。此外,恩施州跨境电商难以发展,还有一个最大的原因,就是严重缺乏高素质人才。就高校数量来看,恩施州的公办本科院校仅有一所湖北民族大学,而且因为当地经济发展水平相对其他发达城市而言较为落后,大多数人放弃在恩施州发展就业。基础设施落后、缺少人才、发展滞后等各种原因相互影响,致使恩施州跨境电商的发展前景不够乐观。除了恩施州,孝感市、咸宁市等也面临着同样的发展问题,地区间存在的发展不平衡问题在湖北省跨境电商行业中较为明显。

6. 物流发展落后

目前,湖北省的物流运输行业还没有形成完整的行业链,发展规模一般。与沿海地区相比较,短时间内致力于在湖北省建立综合性物流服务体系,使物流发展达到多功能化、一体化的目标存在一定难度。不过,湖北省也有物流重点企业,但是企业内部存在的规模小、体系松散、流程紊乱等问题不容小觑。湖北省当前提供的物流服务以国内物流服务为主,涉及的国际物流存在物流延迟、服务质量较差、成本费用高等问题。

7. 支付系统存在问题

跨境电商贸易的顺利进行必然涉及资金的支付,但目前中国的支付体系依旧不完善,开发安全、可靠、便捷的支付系统还是一大难题。通过国内的支付宝、京东网银或国外的PayPal等软件转账支付是湖北省大多数企业的选择,软件平台的使用具有方便快捷的优势,但企业如果与平台长期合作,需要支付高昂的平台使用费用,这对于大部分中小企业来说是较大的开支。此外,通过第三方支付平台进行交易,也潜藏着安全隐患。

上述分析表明,湖北省跨境电商发展存在"不进则退、小进也是退"的巨大困境,必须奋起直追才有望缩小与其他省份之间的差距,才能助推全国构建新发展格局先行区建设。

(三)机会

1."一带一路"建设的机遇

湖北省地处中国中部、长江中游,历史悠久、文化灿烂,是中国重要的工农业生产基地、交通枢纽中心和科教密集区,是长江经济带发展战略与"一带一路"建设的重要交汇点,已成为海内外投资者青睐的战略布局要地。湖北省不仅是推动长江经济带发展的主要省份,也是"一带一路"建设中不可缺少的一分子,可以依靠得天独厚的优势深度融入"一带一路"建设,创造全新的贸易理念,促进跨境电商与其他行业的融合发展。俄罗斯、白俄罗斯、哈萨克斯坦是共建"一带一路"的重要国家,近些年来,湖北省与这些国家的经贸交流持续升温,经贸交流与合作实现了持续发展,开放包容,互学互鉴,为古丝绸之路赋予了新的时代内涵、新的生机与活力。

2.突发事件对跨境电商发展的推动

疫情期间,响应国家"非必要不外出"的政策,线下实体购物受到影响,传统贸易的痛点也越来越明显,但是,以互联网为重要媒介而发展起来的跨境电子商务在某种程度上能够满足用户的需要。湖北省在坚守政策规定的同时,大力推动跨境电商新业态的发展。以武汉市为例,2021年武汉市天河机场新增六条国际(地区)货运航线,扩大了跨境电商贸易范围。据相关数据统计,2021年武汉市天河机场跨境电商的进出口总量表现亮眼,是2019年的33倍多,增长速度显著。

3. 可借鉴优秀经验

当前，不仅中国的跨境电商行业发展迅猛，全球跨境电商也日新月异，湖北省的跨境电商企业在这种大环境下不断学习借鉴，发挥本地优势，市场发展前景良好。湖北省可以从跨境电商起步较早的浙江省借鉴发展经验，同时也要积极发挥区位优势和政策优势，致力于打造多元化的跨境电商平台，在发展对外贸易的同时加快服务业、工业等其他产业的发展。湖北省在潜心寻求自身发展道路的同时，要深入了解、模仿先进跨境电商城市的发展策略，将其本土化，衍生出适合湖北省发展的特色方案。

（四）挑战

1. 跨境电商整体发展水平偏低

湖北省跨境电商呈现出高规模、低成长的特点。相比之下，广东省、浙江省、北京市、上海市、江苏省在跨境电商方面仍然保持在领先水平，是跨境电商领域的先导地区；山东省、福建省、四川省、安徽省在规模指数和渗透指数方面具有优势，是我国跨境电商发展的第二梯队；黑龙江省、新疆维吾尔自治区、广西壮族自治区、甘肃省具有很大发展空间，是我国跨境电商发展的潜力地区。先导地区除了在成长指数上低于全国平均水平，在其他指数方面均高于全国平均水平，说明这五个地区的跨境电商行业不仅具有规模优势，而且发展十分成熟。渗透指数高于全国平均水平说明电商经济和传统经济的融合度较高，对传统行业的带动力强。支撑指数高于全国平均水平说明这些地区的电子商务发展具有很好的基础环境。

湖北省位于第三梯队，是我国跨境电商发展的中坚省份，规模指数、渗透指数和支撑指数均低于全国平均水平，成长指数与全国平均水平基本持平。这说明湖北省电子商务产品不仅在数量、规模和品种上都低于全国平均水平，而且在与传统行业的结合度和电子商务基础环境方面都和沿海优势地区具有很大差距。有研究显示，在几大类主要的出口产品——家具建材、家用电器、手机数码、服装鞋包、母婴产品、百货食品中，排在前五名的地区均没有湖北省。因此，湖北省在跨境电商的产品方面必须向沿海优势地区学习，在丰富自身产品的同时，提升产品的质量。同时，湖北省还应该将跨境电商和传统的外贸产业相结合，优化跨境电商的基础环境，将人工智能、大数据、云计算等新兴技术融合进来，推进数字化融合发展，加强对互联网金融、新零售、共享经济等新业态对跨境电商发展影响的思考。

2. 跨境电商行业竞争激烈

湖北省跨境电商行业起步较晚，在这个行业中还没有站稳脚步，开展实际贸易和应对紧急情况的实战经验还不够充足。拥有丰富跨境电商贸易经验的地区，拥有完善的产业链体系和应急方案，能够推动交易有条不紊地进行。然而，湖北省经验的不足使得跨境电商发展速度较慢，导致对外贸易机会减少。

进入新世纪以后，湖北省除了大众熟知的几个著名品牌外，整体上品牌影响力较小，更没有达到与本地产业规模相匹配的效果。面对这样的情况，湖北省虽然也采取了一定的措施，但因为在发展中期面临的品牌建设和传播环境与之前相比发生了翻天覆地的变化，再加上湖北省本土研发的品牌较少，整体进展效果不佳。

此外，湖北省跨境电商企业宣传力度有待加强，这可能是湖北省缺乏相关经验和区域性品牌引起的蝴蝶效应。宣传力度不足，大众缺少对于跨境电商行业的认知，跨境电商贸易进展相对缓慢。此外，企业宣传不足，难以提升在行业内的知名度，也难以与其他企业开展贸易合作。

综上所述，湖北省跨境电商行业的发展仍旧面临明显的挑战。2022年11月，《国务院关于同意在廊坊等33个城市和地区设立跨境电子商务综合试验区的批复》正式发布，同意在廊坊市、沧州市、运城市等33个城市和地区设立跨境电子商务综合试验区，此次扩围之后，我国跨境电子商务综合试验区数量达到165个，覆盖31个省区市。仅从数量上看，这必会加剧各跨境电商综试区的竞争。再加上国家不断出台支持政策、优惠政策，吸引不少企业投身于发展跨境电子商务的热潮中，湖北省除了武汉、襄阳、宜昌、黄石，其他地区没有跨境电商综试区、自贸区等提供相应的发展机会，并且少数地区的基础设施建设落后，湖北省跨境电商整体上竞争优势不明显。

三、湖北省跨境电商高质量发展战略

(一)"优势+机会"战略

湖北省要深入分析"一带一路"建设中关于基础设施建设、政策完善、贸易交流等方面的内容,并与国家政策和自贸区、跨境电商综试区的实施方案结合对比,寻求更适合的发展方向,制定具有合理性、时效性、完善性的政策及发展规划。

如何最大限度地发挥湖北省现有优势,促进跨境电商发展,关于这一问题湖北省可以合理借鉴青岛、宁波、深圳等跨境电商发展较繁荣的城市的发展经验。政府部门要仔细研读借鉴城市的实施方案,了解政策落实情况,发现潜藏的发展体系,与湖北省的实际情况相结合制订因地制宜的跨境电商发展计划。

总的来说,湖北省跨境电商的发展应当发挥现有政策、配套设施、地理位置等优势,将湖北省跨境电商的潜在优势蜕变为外部发展;通过内容、方法、创新等方面的试行,进一步发挥湖北省的优势,抓住相关政策和"一带一路"建设的机会,助推跨境电商的发展。

(二)"劣势+机会"战略

湖北省跨境电商发展不稳定,物流、支付系统、人才支撑等方面存在不足,企业更应该抓住相关政策和"一带一路"建设的机会,通过加强领导、有效监管、深化合作等寻找更多解决办法。湖北省在"一带一路"建设中要加强与共建国家的交流,抓住对外开放的机会,学习其他国家先进的物流运输体系、法律法规、支付体系等,并将其本土化进一步促进跨境电商行业的发展。在"一带一路"建设的影响下,湖北省跨境电商的发展前景乐观。在人才培养方面,省内高校增设跨境电子商务专业,培养理论知识丰富且能熟练操作跨境电商平台的高素质人才;出台相关福利政策吸引跨境电商人才留在湖北发展,人才引进战略也要同步实施;推动企业与高校建立合作关系,给予高校学生更多的实践学习机会；对于在职的企业员工，采取定期考核的评定方式促进其不断提升技能，同时要接受继续教育。

经济发展相对落后的恩施州、咸宁市等市州要响应国家鼓励发展跨境电商的号召，在"一带一路"倡议下逐步对外开放，借鉴其他城市的发展经验，武汉、襄阳、宜昌等城市也要主动帮扶落后地区，促进各区域之间的合作交流，努力缩小区域发展的差异。

此外，湖北省在把握"一带一路"建设和其他政策等机会的同时，还有一项重要任务，即打造具有湖北省特色的知名品牌。武汉的周黑鸭、恩施的玉露茶等品牌在区域内虽然小有名气，但宣传力度不够，在全国范围内乃至跨境电商贸易中，仍然不具有充分的发展优势。

（三）"优势＋挑战"战略

疫情的暴发暴露了跨境电商发展的平台、供应链、物流等方面的问题，湖北省政府和企业要充分利用现有优势将存在的威胁降到最小限度，这些问题的发现也会促使国家进一步完善跨境电商行业的政策，加大对相应地区的扶持。一方面，湖北省各企业可以合力打造适合于本省的跨境电商平台，保障平台运行的稳定性、安全性，这在一定程度上也能够减少支付给第三方平台的手续费用。另一方面，在供应链体系都不完善的情况下，多个企业可以在货物的仓储、库存管理等方面进行合作。此外，政府部门可以制定相关政策，吸引跨境物流企业加盟湖北省；大型跨境电商企业或多个中小型企业间进行合作，在跨境电商贸易频繁且贸易额较高的国家建立海外仓储。

在政府的扶持下，更多企业发现了跨境电商行业的商机，同时随着跨境电商综试区的不断建立，跨境电商行业的竞争进入白热化阶段。武汉、襄阳、宜昌、黄石等城市建立了跨境电商综试区和综合保税区，以此为发展机会迎难而上。这四个城市在保证自身能够长足进步的同时，要适当给予周边城市一些必要的帮扶，带动邻近城市的发展。湖北省的大型跨境电商企业也要加强与中小企业之间的合作，帮助中小企业完善企业发展方案，明确数字时代的发展方向。

(四)"劣势+挑战"战略

湖北省跨境电商行业的发展要不断弥补劣势,避免挑战的加剧。根据SWOT分析,湖北省跨境电商发展具有行业发展不稳定、物流发展落后、支付系统不完备等劣势,也面临着整体发展水平偏低和行业竞争激烈等挑战。

政府应该发挥主导作用,完善数字时代跨境电商发展的政策和法律法规,加大对湖北省落后地区政策、人才、资金、基础设施等方面的支持。各大企业不能因为现存的发展问题和激烈的竞争而放弃发展,而应当制定多种紧急方案,对挑战因素进行评估并制定适当的企业发展规划。此外,企业也要根据具体行情的变化,吸取其他地区的实践经验并进行相应的调整,致力于实现转型升级。

第二节 贸易便利化对湖北省跨境电商高质量发展的影响

一、背景介绍

随着经济全球化的加速,全球经济一体化水平极大提升。近几十年来,由于各国经济贸易联系的日益紧密以及多边贸易协商谈判发挥成效,传统关税壁垒和非关税贸易壁垒对国际经贸联系的负面影响正逐渐衰弱。因此,通过降低关税、减少技术壁垒等传统手段已经很难有效促进国际贸易的发展。与之相比,旨在消除传统隐形贸易壁垒所形成的贸易非效率的贸易便利化,可以很大程度上促进国际贸易发展与全球经济增长。因此,各国通过降低运输成本、完善政府体制、提升电子信息技术水平、简化海关程序等方法,尽可能提升贸易便利化。与此同时,世界各国逐渐重视贸易便利化的作用,并对有效提升贸易便利化达成了共识。

WTO将贸易便利化定义为简化和透明化贸易程序、减少贸易壁垒、促进贸易流动的一系列政策和措施。根据WTO的观点，贸易便利化是为了提高全球贸易的效率、公平性和可预测性，以及促进各成员之间的经济合作。WTO《贸易便利化协定》规定了各成员应承担的贸易便利化责任，具体包括：公开和提供资料；提前公布和评论贸易法规；预裁定；申诉或审查程序；提高公正性、非歧视性及透明度的其他措施；进出口费用和手续有关条款；货物放行和清关；边境机构合作；海关监管的进口货物的转移；进出口和过境手续；过境自由；海关合作。2015年9月，中国国务院做出接受WTO《贸易便利化协定》议定书的决定。2017年2月，批准《贸易便利化协定》的成员已达112个，超过协定生效所需达到的WTO成员总数三分之二的法定门槛，《贸易便利化协定》正式生效并对已批准协定的成员正式实施。自此，世界范围内贸易便利化进程进一步加速。

作为中部地区崛起战略的有力执行者和推动者，近些年来，湖北省积极推动本省跨境电商和跨境出口贸易的发展，进而推动本省经济发展，服务中部地区崛起战略。2017年4月1日，中国（湖北）自由贸易试验区正式挂牌。其在制度创新上发力，对构建法治化、国际化、便利化的营商环境，促进投资和贸易便利化等起到了重要作用。2018年7月，武汉获批成为第三批国家跨境电子商务综合试验区。2019年1月，武汉跨境电子商务综合试验区正式启动。2019年12月，黄石获批设立跨境电子商务综合试验区，黄石成为继武汉后湖北省第二个入选跨境电子商务综合试验区的城市。2020年4月，宜昌获批设立国家跨境电子商务综合试验区。2022年2月，襄阳获批设立国家跨境电子商务综合试验区。这些举措极大地促进了湖北省跨境电商贸易的发展与经济增长。根据湖北省商务厅统计的数据，湖北省跨境电商交易额从2019年的12.2亿元快速增长至2022年的366.02亿元，跨境电商占全省外贸比重从0.31%上升至5.93%。其中，2022年较2021年增长约200亿元，增幅达到120%，三年增长了超300亿。

跨境电商的发展对湖北省经济的重要性不言而喻，但跨境贸易和电子商务需要平台、支付工具，以及渠道、物流、海关、关税等各个环节上的相互配合，此时，通过贸易便利化提高各个环节和流程上的便利化水平，对湖北省跨境电商出口具有极大的促进作用。贸易便利化政策旨在简化贸易流程、降低贸易成本、提升贸易效率,以促进贸易发展和国际合作。在"一带一路"建设背景下,中国政府出台了一系列贸易便利化政策,包括简化海关手续、优化口岸通关等,以支持全国各地跨境电商出口。

二、贸易便利化对跨境电商的影响机制

(一)基于理论基础

1.交易成本理论

"交易成本"这一概念最早由科斯于1937年提出,指完成一笔交易所需要消耗的成本,即买卖双方交易过程中所花费的时间成本和货币成本。这其中包括传播信息、投放广告,以及市场上每一次联系、运输、协商、签约、执行、监督等行为所花费的成本。这一理论证实了现实中交易成本的存在,其中交易成本又分为内部交易成本和外部交易成本。

交易成本理论同样适用于国际贸易方面。根据Williamson指出的产生交易成本的六个原因,即投机、有限理性、不确定性与复杂程度、信息不对称、氛围以及专用型投资,若海关程序烦琐,通关效率低下,显然会增加跨境贸易的复杂性,同时不合理的税制、复杂的政策环境、可能出现的寻租等同样会加剧信息不对称和对政府规制的不信任。同时,基础设施不完善、物流配送服务欠缺势必会增加运输成本。因此,通过贸易便利化可以优化贸易流程,简化海关程序,降低交易成本,提高通关效率,进而支持跨境电子商务的发展。

2.政府干预理论

政府干预理论由斯蒂格利茨于1998年提出,他认为政府应当积极干预经济,从而达到弥补市场失灵的结果。一般认为,市场失灵是指由于外部性、垄断、公共物品和信息不对称等因素,不能通过市场资源配置达到帕累托最优。而斯蒂格利茨则指出市场失灵的范围其实更广泛。这就为政府对经济领域进行干预和引导提供了必要性和合理性。

市场失灵的普遍性必然导致政府干预的普遍性。一般政府干预经济的手段包括加强立法工作和法治建设，通过税收和补贴将外部性内部化，加强信息调控纠正信息不对称，以健全市场经济体系，维持经济稳定增长。

由此可见，政府纠正市场失灵的努力会提高经济运行的效率，对跨境出口和贸易便利化显然有着促进作用。这不仅体现在政府出台规定性文件为新兴的跨境电商行业提供指导和规范从而避免无序竞争上，也体现在通过出台合理的税收政策来调控、引导跨境电商行业的健康发展。这些举措很大程度上完善了市场制度，有效遏制了市场失灵，进而促进了跨境电商领域的贸易便利化水平，推动跨境贸易的发展。

（二）基于评估体系

1. 基础设施水平

基础设施水平一般指一个国家或地区的航空、公路、铁路等运输系统和物流系统的基础设施质量和工作效率。这是一个十分重要的指标，对国际贸易起着至关重要的作用。基础设施的进步势必促进口岸效率的提高，不仅能缩短运输时间，减少交易的时间成本，而且物流效率的提升势必能减少库存积压导致的储存费、滞期费。交易成本的降低会促进交易双方交易积极性的提升，同时提高跨境电子商务的交易效率，扩大跨境交易的规模并提高服务质量，进而促进跨境电商出口的发展。

2. 海关环境

海关环境一般包括通关程序的复杂性、流程的冗长程度、管理的透明性、关税水平、是否存在不当支付和贿赂等因素。通关作为跨境贸易的一个必不可少的环节，对跨境贸易的发展起着重要作用。通过简化通关程序，提高海关廉洁性和公信力，积极降低不合理的关税和贸易壁垒等手段，可以很好地提高通关效率，减少交易双方所需要承担的手续费、储存费以及时间成本，从而扩大跨境电商的交易规模，提高对国内外跨境电商的吸引力。

3. 规制环境

一国政策法规的合理性、政府公信力、政策透明度、政府管制负担大小是规制环境的重要组成部分。跨境电商作为一种打破传统贸易时间上和空间上局限性的贸易方式，同样需要政府进行合理有效的监管与引导。如果政府能够及时与外界在关于跨境贸易的规定和通行惯例上达成共识，及时出台相关法律法规，加强对知识产权等合法权益的保护，势必会减少可能的麻烦和争端，避免出现制度上的漏洞甚至被利用制度上的漏洞钻空子而造成交易双方的损失。因此，一国规制环境越高效、可靠、透明，就越能吸引FDI和跨境电商的涌入。

4. 电子商务

电子商务作为跨境电商重要的技术支持和依托手段，是区别传统跨境贸易的重要标志。其依托通信网络，贯穿贸易从询盘、发盘到售后服务全流程，很大程度上打破了时间和地域对传统跨境贸易的限制，简化了手续和合同的流程，同时减少了不必要的信息重复输入，减少了可能出现的错误，降低了风险，规范了跨境贸易的流程和方式。因此，一个国家或地区互联网的普及程度越高，互联网使用人数越多，对新技术吸收能力越强，越能扩大跨境电商规模，减少跨境贸易中的技术障碍，促进跨境电子商务的发展和进步。

三、湖北省跨境电商贸易便利化发展状况

（一）通过加强口岸建设，提高通关效率

湖北省在武汉、宜昌、恩施等城市建设了多个口岸，完善了通关配套设施，大大提高了通关效率。此外，湖北省还积极推进"单一窗口"和智慧海关等通关改革，进一步提升了通关便利化水平。通过加强口岸建设来提高通关效率是促进贸易便利化的重要措施之一。武汉作为湖北省的省会城市和中部地区的重要交通枢纽，具备得天独厚的地理位置优势和交通网络。武汉口岸作为湖北省跨境电商的重要门户之一，为企业提供了便利的通关条件和高效的物流服务。武汉口岸的建设注重了现代化的设施建设，包括海关设施、仓储设施、物流配套设施等，以满足企业在跨境电商出口中的需求。除了武汉口岸，湖北省还在宜昌和恩施等地建设了多个跨境电商口岸。宜昌位于长江中游，拥有便捷

的水陆交通条件，成为湖北省跨境电商发展的重要节点之一。恩施位于湖北省西部，紧邻湖南省和重庆市，具备较好的地理位置和区位优势，为跨境电商出口提供了更多选择。这些电商口岸的建设为湖北省跨境电商发展提供了基础设施支持。

截至2023年5月，湖北省共有武汉水运口岸、黄石水运口岸、武汉天河机场航空口岸、宜昌三峡机场航空口岸等6个国家批准正式开放口岸，16个特殊商品进境指定监管场地（含进口口岸）、6个综保区、3个保税物流中心已全部通过验收投入运营，口岸设施和口岸通道的物流能力能够满足外贸需要。这些口岸的建设包括扩建码头、增加装卸设备、提升货物处理能力等，从而提高了货物的流通效率。同时，湖北省还致力于完善口岸通关配套设施，包括建设现代化的仓储设施、提供高效的物流服务、优化通关流程等，以确保货物在口岸的快速通关和顺利运输。通过提供便捷的通关服务，企业能够更快地将产品送达国际市场，提高了出口的效率和竞争力。

2023年4月印发的《湖北省口岸现代化发展三年行动方案（2023—2025）》提出，预计到2025年，湖北省将开通国内国际航空货运航线50条，港口集装箱吞吐能力达600万标箱，机场国际及地区通航点达80个，中欧班列（武汉）开行列数达到2000列，开放口岸、海关特殊监管区域、海关指定监管场地（进口口岸）分别达到7个、12个、20个以上，基本形成"一核"（武汉全省口岸群枢纽核心）"一带"（沿江扩大开放港区带）"双枢纽"（国际航空客货运双枢纽）"多节点"（宜昌、襄阳、黄石、恩施等区域多节点口岸）的"水陆空"立体口岸体系。

2023年，武汉海关对标海关总署优化营商环境16条制定发布了20条细化措施，加快助推打造内陆开放新高地。2023年，全省进、出口整体通关时间分别为36.94小时、0.46小时，较2017年分别压缩79.65%和97.77%。2023年4月1日，鄂州花湖机场开通首条国际货运航线，正式迈向"花湖国际机场"。2023年4月19日，中欧班列（武汉）新线路"欧洲—中国武汉—中国台湾"多式联运新通道开通，为欧洲与中国台湾之间货物运输提供了新的物流解决方案，实现了海上丝绸之路与陆上丝绸之路的高效对接。

未来，湖北省将提升武汉天河机场枢纽功能，加强与鄂州花湖机场联动补位发展，推动顺丰公司在鄂州花湖机场实现42条货运航线转场，探索建设"鄂州花湖机场内陆自由贸易港"；加快推进宜昌港、荆州港、襄阳港开放功能建设，加强与重庆、岳阳、九江、南京、上海等长江沿线主要港口城市合作，发展江海联运，持续拓展湖北省水运口岸国际通道。

此外，湖北省正在着力打造数字智慧口岸，将开发供应链物流公共信息服务平台，打通航空、铁路、港航、公路、邮政等各类口岸通关物流节点，为企业提供全程"一站式"通关物流信息服务。到2025年，湖北国际贸易"单一窗口"功能将覆盖跨境贸易全链条，综合服务能力居全国前列。

（二）跨境电商综试区的建设

截至2022年底，国家批复的跨境电商综试区城市合计七批，共165个城市（地区）。杭州跨境电商综试区的先行先试，以及第二、三批跨境电商综试区城市在跨境电商B2B相关环节的技术标准、业务流程、监管模式和信息化建设等方面的先行先试，为后期批复的跨境电商综试区城市提供了可借鉴、可落地的一揽子服务方案，更好地推动了跨境电商产业健康发展，实现新模式新业态的稳步发展。

湖北省跨境电商综试区在跨境电商管理、物流、支付、维权等方面实施了一系列试点措施，旨在探索新的政策、制度和机制，为企业提供更好的发展环境。首先，在跨境电商管理方面，湖北省跨境电商综试区推动简化审批流程，简化注册登记手续，提高注册效率。通过建立电商企业"一站式"注册服务平台，为企业提供便利的注册服务，减少企业办事成本和时间。其次，综试区在物流方面采取了一系列措施，以提高物流效率和降低物流成本。在支付方面，综试区推动跨境电商支付创新，探索使用新型支付工具和技术，简化支付流程，提高支付便利性和安全性。这使得企业在支付方式上有了更多的选择，从而减少了支付费用，提高了跨境贸易的效率。

（三）外贸企业享惠多多

2023年，武汉海关落实减税降费税收政策，解决企业急难愁盼问题。根据武汉海关发布的数据，全年共为湖北省外贸企业退还税款8.17亿元，减免税款超9亿元,降低成本6600万元,减少税费5.99亿元,为促进外贸稳增长提供了重要支撑。

帮助企业享受税款退还8.17亿元,做到应退尽退。建立"户籍管理员"工作机制,对涉及退税享惠政策的企业提供"一企一策"纳税指导服务。在全国率先实现保证金退还电子化,办理时长压缩至1个工作日内,企业工作量减少90%。

为企业减免税款超9亿元,做到应免尽免。为邦普宜化、金力新能源等项目办理确认手续,项目投资额合计超300亿元,同比增长16%。与省发展改革委、商务厅、科技厅密切配合,全年为省内企业减免税款超9亿元。

帮助企业减少税费5.99亿元,做到应惠尽惠。搭建RCEP综合服务平台,整合最优税率查询等功能模块,推广原产地证书全流程数字化、信息化服务。指导企业不断提升自贸协定的享惠水平,全年帮助全省外贸企业享受进口关税减少5.99亿元。深入推动"内河运费扣减"惠企措施,措施落地以来武汉关区共有465家企业累计申报扣减内河运费5601.22万元,节约税款785.62万元。

(四)实施进口贸易便利化政策

湖北省积极推进口岸建设,优化物流配套设施,推动出口退税、增值税退税等政策,吸引了众多进口贸易企业入驻湖北省,有效促进了进口贸易的发展。首先,湖北省致力于推进口岸建设,包括增设进口专用口岸和货物处理设施,以满足不断增长的进口需求。这些口岸提供高效的通关服务和便捷的进口流程,缩短了货物进口的时间。其次,湖北省优化物流配套设施,包括完善仓储、运输和分销网络。通过投资于现代化的仓储设施和物流基础设施,湖北省提升了进口货物的存储和分拨能力,提高了物流的效率和可靠性。这为进口贸易企业提供了更便利、快捷的物流环境,促进了进口贸易的顺利进行。

四、贸易便利化对湖北省跨境电商的影响

(一)基础设施对跨境电商交易规模的影响

基础设施主要由软硬件两部分组成,硬件部分主要是指公路、铁路、港

口、航空等交通工具的品质和效率，软件部分主要是指在国际货运中提供的物流品质和能力、对商品进行跟踪和及时更新的物流信息等。一国或地区拥有更好的基础设施、更好的港口、更好的国际运输条件，买家就可以更快地拿到商品，特别是新鲜的、保质期较短的商品。此外，物流信息的不断更新也会给买家带来更好的购物体验，从而增加跨境商品的购买量。因此，完善和方便的基础设施，将有助于提供优质的物流和运输网络，高效率的运输网络为跨境电商的发展提供了重要的支持，并直接影响到贸易规模。

信息通信技术（ICT）基础设施方面，跨境电商依赖于信息通信技术的支持，包括互联网接入、电子支付系统等。湖北省通过提升信息通信技术基础设施水平，提供更稳定、高速的互联网接入和安全的电子支付系统，为跨境电商交易提供了便利和可靠的平台，有利于推动交易规模的扩大。

仓储和物流设施方面，充足的仓储和物流设施是保障跨境电商交易顺利进行的重要条件。湖北省通过建设跨境电商口岸、仓储基地和物流园区等，提供更多的仓储和物流配套设施，为跨境电商企业提供更便捷、高效的物流服务。这有助于提高交易的执行效率，促进交易规模的扩大。

电子支付和结算系统方面，顺畅的电子支付和结算系统对于跨境电商交易规模的扩大至关重要。湖北省通过推动电子支付和结算系统的发展，加强金融机构的支持，提供便利的跨境支付服务，降低支付成本和风险，为跨境电商交易的顺利进行提供了支持，从而推动交易规模的扩大，保障产品品质，提升顾客满意程度，促进了跨境电子商务的发展。

（二）电子商务水平对跨境电商交易规模的影响

在跨境电商交易的整个过程中，从交易前卖方产品上架、买方搜索信息，到交易过程中买方支付订单交易达成、卖方安排发货跟踪物流，再到最后卖方售后服务、买方评价反馈，都需要电子商务信息技术的支持。在交易前期，卖家可以利用互联网平台，在任何时候发布关于它们产品的信息，买家可以在交易平台上查询货物的信息，并在需要的时候和卖家联系；在交易中期，买家下单付款需要通过线上平台转账来完成，而卖家统计订单信息、安排发货都离不开卖家版本的线上后台；在交易后期，卖方对物流信息的跟踪和更新，买方对货物的售后评价，以及数据储存与订单预测，都需要借助互联网大数据物流技术来实现。由此可见，跨境电子商务中信息科技的应用至关重要。另外，随着网络渗透率的提高，用户数量的增加，将会有更多的消费者通过手机从事跨境交易，随着电子商务信息化程度的提高，跨境电子商务的发展将会更为有效。

市场拓展方面，电子商务为湖北省跨境电商企业提供了更广阔的市场机会。通过电子商务平台，企业可以直接接触到全球消费者，打破了传统实体店面的限制。这有助于企业潜在客户群和市场份额的扩大，促进了跨境电商交易规模的扩大。

跨境物流方面，电子商务的发展推动了跨境物流的创新和提升。湖北省跨境电商企业可以利用电子商务平台上的物流服务，选择合适的物流合作伙伴，实现快速、安全的货物配送。更高效的物流网络和物流服务，促进了湖北省跨境电商交易规模的扩大。

营销和品牌推广方面，电子商务为湖北省跨境电商企业提供了广告、推广和品牌建设的平台。通过线上渠道，企业可以开展全球性的营销活动，提高产品和品牌的知名度和影响力。这有助于吸引更多的海外买家，推动湖北省跨境电商交易规模的扩大。

（三）规制环境对跨境电商交易规模的影响

规制环境是指一个国家监管制度的有效性、透明度和可靠性等方面。制度和法律法规的构建与完善，要跟上并适应跨境电商指数级的发展速度，这就需要政府构建一个高效、透明的政治环境，来为其提供保障。政府做出具有科学性、透明度和有效性的决策，并能及时发布与跨境电商贸易有关的政策公告，进出口商就可以随时了解到贸易伙伴国家的最新情况，这样就能减少信息费用，还能在某种程度上减少法律诉讼的发生，避免企业受到损失。除此之外，如果一个国家拥有健全的法律法规体系和优惠的政策，一定会吸引更多的企业来投资和生产，进而形成产业集聚效应，推动跨境电商的发展。

跨境贸易政策和法律法规方面，规制环境中的跨境贸易政策和法律法规对跨境电商交易规模具有直接影响。政府发布的贸易便利化政策和相关法律法规的支持可以降低企业的贸易成本，提高市场准入门槛，促进企业参与跨境电商，从而推动交易规模的扩大。

海关和通关程序方面，规制环境中的海关和通关程序对跨境电商交易规模具有重要影响。通关手续的简化和加快可以提高物流效率，缩短交易时间，增加交易量。湖北省通过优化口岸通关、推行电子商务进出口业务报关等措施，改善了通关环境，为跨境电商交易提供了便利。

支付和金融环境方面，规制环境中的支付和金融环境对跨境电商交易规模具有重要影响。便捷、安全的支付和金融服务可以提供资金流动和风险管理的支持，鼓励更多的企业参与跨境电商。湖北省通过金融支持和融资便利等政策措施，为跨境电商企业提供了金融支持，促进了交易规模的扩大。

（四）海关环境对跨境电商交易规模的影响

海关环境主要包括通关效率、报关要求、稽查和监管以及合作与互通等方面。湖北省跨境电子商务的发展与贸易经济的发展有着密切的关系。海关是对外贸易的主要监督机关，在跨境电商中发挥着关键作用。

通关效率方面，海关的通关效率直接影响到跨境电商的交易速度和效率。若海关流程复杂、时间长，会增加跨境电商企业的成本和交易时间，限制交易规模的扩大。所以，良好的通关环境对湖北省跨境电子商务的发展有很大的推动作用。

报关要求方面，海关对跨境电商企业的报关要求也会对交易规模产生影响。若报关手续烦琐、要求严格，跨境电商企业可能面临更高的操作成本和风险。相反，若海关对跨境电商企业实施简化的报关要求，将有助于提高企业的竞争力，推动交易规模的扩大。

稽查和监管方面，海关在跨境电商中扮演着监管和稽查的角色，确保合规和知识产权保护。一个严格的海关监管环境有助于维护市场秩序，保护消费者权益，促进消费者对跨境电商的信任。这将有助于推动湖北省跨境电商健康可持续发展。

合作与互通方面，海关之间的合作与互通对于跨境电商的发展至关重要。跨境电商涉及不同国家和地区之间的贸易往来，海关之间的信息共享、合作和互通可以促进贸易的顺利进行。因此，湖北省海关与其他地区的海关之间建立良好的合作关系和互通机制，有利于促进湖北省跨境电商交易规模的扩大。

（五）金融服务对跨境电商交易规模的影响

良好的金融服务环境可以为企业发展跨境电商提供强有力的资金支持，推动跨境支付的畅通，促进跨境电子商务的发展。金融服务的承受能力，也就是金融服务的可负担性，如果要确保金融服务的可持续性和可负担性，一定要提高金融行业的可负债性，也就是在做好风险控制的基础上，降低利率、降低费用，为企业提供高质量的金融信用服务，为企业进行跨境电商交易创造一个良好的融资环境。

资金支持方面，跨境电商交易需要资金支持，包括支付供应商、采购商品、物流运输等方面的费用。良好的金融服务可以提供融资渠道，帮助跨境电商企业获取资金，扩大其交易规模。例如，银行贷款、信用担保、供应链金融等金融工具可以为湖北省跨境电商企业提供必要的资金支持。

支付与结算方面，跨境电商交易涉及不同国家和地区之间的货币支付和结算。金融机构可以提供安全、快捷的支付与结算服务，简化交易流程，降低交易成本，提高交易效率。例如，跨境支付机构和跨境结算平台可以为湖北省跨境电商企业提供方便的支付工具和结算渠道，促进交易规模的扩大。

汇率管理方面，跨境电商交易涉及不同货币之间的兑换和汇率风险管理。良好的金融服务可以提供汇率风险管理工具，如外汇衍生品、汇率保险等，帮助跨境电商企业降低汇率风险，增强市场竞争力。同时，金融机构也可以提供相关的外汇服务，方便跨境电商企业的跨境资金流动，支持其交易规模的扩大。

跨境结算与退税方面，跨境电商涉及跨境结算和退税等复杂的财务操作。金融机构可以提供专业的跨境结算服务，协助企业进行出口退税的操作。这些金融服务可以帮助湖北省跨境电商企业降低交易成本，提高资金流动性，从而促进交易规模的扩大。

五、湖北省跨境电商贸易便利化的优化策略

（一）提升跨境电商行业的数智化水平

电子商务的飞速发展不仅促进了贸易方式的转型，也同样加速了贸易便利化水平的提升。湖北省电子商务的发展一直处于全国前列的位置，但和江苏省、浙江省、广东省等省份相比还有一定的差距。例如，湖南省早在2013年出台了《加快电子商务发展的若干政策措施》，积极放宽电子商务企业市场准入条件，对电子商务重点项目给予资金支持和税收减免，同时建设了"湖南网购节"等区域性电子商务平台；浙江省除了财政支持，还从人才引进、电子商务海外市场开拓、电子商务产业链等方面着手，依托块状经济、产业集群和块状市场等优势，积极巩固发展综合性、行业性电子商务平台，同时完善国家电子商务示范城市认证，通过示范效应，带动全省整体电子商务发展。因此，湖北省应当加快推动电子商务配套信息基础和服务体系的建设，加快实现行业信息化、数智化建设。

积极投身于跨境电商平台的研发和升级，提供更先进的技术支持和解决方案，包括订单管理、支付系统、海关报关等。政府部门可以加强与电商平台的合作，提供专门的培训和支持，帮助企业提升运营和管理能力；可以鼓励跨境电商平台加大对技术研发和升级的投资，这包括提升平台的稳定性、安全性和可靠性，以确保跨境电商交易的顺利进行。平台应不断优化和更新技术架构，以应对日益复杂的电商环境和数字经济需求变化。促进电商平台与技术公司、专业服务机构等的合作，引入先进的技术支持和解决方案。例如，提供高效的数智化订单管理系统，实现订单的自动化处理和跟踪；建立安全可靠的支付系统，保障交易资金的安全性；提供便捷的海关报关系统，简化出口手续等。这些技术支持和解决方案将大大提高企业的运营效率和用户体验。政府部门应与跨境电商平台建立密切合作关系，共同制定规范和标准，促进平台的规范化和统一化。政府可以与平台合作，分享相关数据和信息，以便平台更好地了解企

业的需求和问题,并提供相应的支持和解决方案。

(二)加强基础设施和物流建设

基础设施建设是贸易便利化的一个重要指标。湖北省九省通衢,有着极其优越的地理位置。目前,湖北省拥有完善的铁路网和高速公路网,高速公路和铁路里程位居全国前列,航空发达,且拥有多个内河港。"十四五"时期,湖北省政府积极推动"3239"(三枢纽、两走廊、三区域、九通道)综合交通运输布局的形成。但是湖北省在基础设施和物流通道的建设上仍有不足之处,应当注意以下两点。

一是加强对基础设施的完善和维护,及时更新老化损坏的基础设施,同时按照发展需求配齐相关设备,减少基础设施老化带来的贸易不便利。应当重视省内地级市和农村地区的基础设施建设,避免资源叠加和过度集中所造成的低效率和浪费,从而提升全省总体上的基础设施水平,以保障其能满足国际贸易和经济发展的需要。

二是提升物流通道的畅通度和效率,加快货物的运输速度,缩短通关时间。在跨境电子商务的物流中心和仓库建设方面投入资金,为外贸企业的发展提供高效的存储、分拣、销售等服务。政府可以加大投资力度,改善跨境电商出口的物流通道。这包括改善公路、铁路、航空和水运等交通基础设施,以提高货物运输的速度和效率。同时,加强物流信息化建设,建立跨境电商物流信息共享平台,提高货物追踪和可视化能力,以减少货物在运输过程中的延误和丢失。引导和支持跨境电商物流企业的投资,建设现代化的物流中心和仓储设施。这些设施应具备高度自动化和智能化的特点,包括自动化分拣系统、智能仓库管理系统等。这样可以提高物流效率,减少操作环节,降低物流成本,并提供快速准确的订单处理和配送服务。鼓励和支持物流服务提供商提升其仓储、分拣和配送服务的水平。这包括提供多样化的配送方式,如空运、海运、陆运等,以满足不同企业的出口需求。

(三)加强本省规制环境建设与改革

贸易便利化不仅仅涉及程序上的简化、技术上的进步和基础设施的完善,还涉及当地规制环境的建设。

一方面，政府应进一步完善贸易便利化政策框架，简化和优化跨境电商出口的相关法规和手续。确保政策的稳定性和透明度，减少企业在出口过程中的不确定性和成本。应重视对跨境电商出口的政策研究和制定，确保政策框架与国际贸易规则和标准相符。政策框架的设计应考虑到湖北省跨境电商企业的实际情况和需求，提供明确的指导和支持，以便企业能够更好地开展跨境电商出口业务。通过简化相关法规和手续，降低企业在出口过程中的时间成本。例如，简化报关手续、减少行政审批环节、优化税收政策等。同时，建立便捷的在线申报和审批系统，提供一站式服务，使企业能够更加高效地进行出口操作。政府部门还可以建立定期沟通机制，与跨境电商企业保持良好的沟通，了解其需求和反馈，及时解决相关问题；并且向企业提供政策解读和指导，确保企业能够准确理解和遵守相关法规和政策。通过优化出口流程，简化跨境电商出口的环节和流程，提高出口效率。

另一方面应当积极借鉴他省经验，尽快完善电子商务及其相关配套的法规，吸引和引导国外投资和贸易，加强对知识产权等合法贸易权利的保护，积极研究并解决涉及电子交易、安全认证、市场准入、隐私权保护、信息资源管理等方面的法律问题。例如，广东省早在2002年就率先推出了《广东省电子交易条例》，这也是中国内地第一部电子商务立法条例，对当地电子商务相关领域给予了法律上的认可和支持，促进了当地电子商务发展。湖北省也应当尽快完善地方法规建设，尽早出台本地的电子商务相关条例，从而为对外贸易创造良好的规制环境。

（四）简化海关程序，推行"智慧口岸"建设

海关环境是贸易便利化的一个重要组成部分，通过简化海关程序，提高通关效率可以有效促进贸易便利化水平的提升。因此，湖北省应当积极借鉴其他省份的先进经验。一方面，要加大改革力度，积极调整改善口岸通关流程和作业方式。例如，推动关检业务融合、跨部门一次性联合检查，加速推动关税保证保险改革，还可以借鉴江苏省海关先验后检的监管方式、"提前申报"模式以及第三方采信制度。另一方面，要加强使用先进技术，提升口岸智能化、信

息化水平。利用"互联网＋物流"技术、"一单多报"模式,推进口岸无纸化、信息化建设,提升口岸查验智能水平。同时可以积极借鉴江苏、广东等省份在国际贸易"单一窗口"建设上的成果,积极建设省内口岸数据平台,实现口岸与交通、港口等其他信息化平台的互联互通,加快对接航运、保险、邮政、银行、铁路等相关行业,积极提升"单一窗口"的应用率和覆盖面,提升电子口岸综合服务能力。

(五) 开展市场推广和品牌建设

加大对湖北省跨境电商企业的市场推广力度,提升产品和品牌的知名度和影响力。参与国际展览和贸易活动,开展市场调研,了解海外市场需求和趋势,制定适应性的营销策略。政府可以与跨境电商企业合作,共同制订市场推广计划,并提供相应的支持和资源。这包括制定市场推广策略、制作宣传资料和广告,以及开展线上线下的促销活动。政府可以通过政策引导,鼓励企业参加国内外的电商展览会、贸易洽谈会等,提升企业的曝光度和知名度。支持企业进行产品创新和品牌建设,鼓励企业提升产品质量和设计水平,满足国际市场的需求和标准。政府可以为企业提供知识产权保护和品牌注册等方面的支持,加强知识产权的宣传和培训,帮助企业提升品牌的知名度和影响力。组织或协助企业参与国际展览和贸易活动,如国际电子商务展览会、行业博览会等。这些活动为企业提供了展示产品、拓展市场和与海外买家进行面对面交流的机会。

(六) 加强国际合作与交流

建立完善的跨境电子商务合作机制,发展同"一带一路"合作伙伴和RCEP成员国的经贸合作,促进贸易便利化和互利共赢。促进信息共享、经验交流和技术合作,借鉴其他地区的实践经验,推动湖北省跨境电商出口高质量发展。政府可以积极参与和推动国际贸易合作,加强与"一带一路"合作伙伴的合作,通过签订贸易协议和建立贸易合作框架,为湖北省跨境电商企业提供更广阔的市场和更优惠的贸易条件。政府可以建立跨境电商出口信息平台,促进信息的共享和交流。通过分享成功案例、政策措施和市场洞察,帮助企业了解国际市场动态和趋势，提升企业的国际化经营能力。政府可以组织跨境电商企业代表团参观考察和学习交流，加强与国际知名电商企业和机构的合作，引入先进的技术和管理经验。支持企业与国际电商平台、物流企业、支付机构等建立合作关系，共同开展技术研发和创新。鼓励企业采用先进的电子商务平台和物流技术，提高跨境电商的效率和服务质量。

（七）加强人才培养和能力建设

鼓励高校和培训机构开设相关的跨境电商专业课程，培养跨境电商人才。提供专业化的培训和咨询服务，帮助企业了解国际贸易规则和市场需求，提升团队的专业素养和国际化经营能力。鼓励湖北省的高校开设相关的跨境电商专业课程，涵盖数字经济与贸易、电子商务、数字营销、智慧物流等领域。加强师资队伍建设，引进具有丰富经验的教授和行业专家，提供高质量的教学和指导。同时，支持高校开展相关的研究项目，推动跨境电商领域的理论研究和实践创新。建立跨境电商人才培训和咨询服务体系，为企业提供专业化的培训和指导。组织国内外专家开展培训课程，涵盖跨境电商政策法规、国际市场营销策略、电子支付、海关报关等内容。同时，建立跨境电商咨询中心，提供企业咨询、技术支持和市场调研等服务，帮助企业解决实际问题，提升经营能力。

第三节　武汉市跨境电商发展SWOT分析

从2015年首个跨境电子商务综合试验区批复以来，全国跨境电子商务综合试验区城市的布局和发展以点带面，点面结合，发展成效显著，创新成果丰硕。截至2022年底，全国跨境电子商务综合试验区城市总数已达165个。2018年7月，武汉市获批第三批国家跨境电子商务综合试验区，综试区的成立对武汉市乃至湖北省的经济发展影响深远。

一、武汉市跨境电商SWOT分析

武汉市地处我国中部，缺乏沿海城市天然的港口优势，也不具备发展陆地边境物流的条件，国际物流运输的发展处于劣势，跨境电商行业的发展相对落后于沿海经济发展速度较快的城市。随着"一带一路"建设和RCEP等的推进，武汉市作为中部地区重要的城市，在相关政策的扶持推动下，跨境电商提速发展。武汉市商务局数据显示，2018年武汉获批跨境电商综试区后，2019年1—6月，武汉市通过跨境电商公共服务平台完成的进出口总额达21803.5万元，同比增长443.73%（进口同比增长179.98%）。其中，出口总额为10576.5万元，进口总额为11227万元，主要业务来源于东湖综保区和天河机场。由此可见，武汉市跨境电商发展成效明显。天河机场国际快件监管中心数据显示，2019年1—6月，天河机场直购进口交易数量为（9610项下进口）118872票，总货值达到6273万元；一般出口交易数量为（9610项下出口）231082票，总货值为476.5万元。进出口业务总交易量共349954票，进出口总额达到6749.5万元。由此可知，在进出口贸易中，进口占据主要部分，出口较少。2023年上半年，武汉自贸片区跨境电商贸易额同比增长4倍以上，跨境电商持续发力。

近年来，武汉市推动跨境电商、市场采购贸易等业态模式从无到有、由小到大，新业态新模式进出口占比不断提升，不少头部跨境电商企业纷纷布局。同时，武汉市也积极支持本地跨境电商企业的发展，多个电商平台在武汉设立了总部或服务中心，武汉市跨境电商行业规模持续扩大。为了更好地发展跨境电商，武汉市需要结合具体情况，在充分利用自身优势的条件下，改善劣势，扬长避短，提升武汉市跨境电商的发展速度和水平，增强武汉市跨境电商行业竞争力。

（一）优势

1.教育资源丰富

武汉市发展跨境电商的优势在于拥有丰富的教育资源。武汉市拥有83所高校（2024年数据），超过100万的在校大学生，是我国高等教育发展较快的城市之一。武汉市各大高校依据社会发展的需要，设置的专业门类比较齐全，专业覆盖面广泛，这些高校为武汉市持续提供各类高质量专业人才。跨境电商方面，学生不仅通过学习理论知识来认知行业，还会通过实习实践来学习平台运营。学校为了增强学生的专业技能，采取校企合作模式，通过邀请专业的企业指导团队对学生进行培训，利用真实的平台账号进行实际的平台运营，让学生了解并掌握全球速卖通、敦煌网、亚马逊等电商平台的基本操作模式，从而培养出一批业务熟练的跨境电商店铺运营精英人才。这让学生在校期间就可以学习跨境电商的实际平台运营，同时也能够实现武汉市毕业生与跨境电商行业之间的直接对接，为武汉市跨境电商行业的发展提供丰富的人力资源。

2. 政府政策支持

2018年10月，湖北省政府办公厅印发《关于复制推广跨境电子商务综合试验区成熟经验做法的实施意见》，要求大力推进"互联网＋外贸"，引导传统外贸产业与跨境电商融合发展，努力培育湖北外贸竞争新优势。2019年，湖北省政府印发《中国（武汉）跨境电子商务综合试验区实施方案》，提出为跨境电商提供专项资金支持，吸引了更多跨境电商企业的投资；在武汉跨境电商综试区推动实施跨境电商零售出口货物退（免）税和"无票免税"政策，为跨境电商出口企业提供更多便利，降低了部分资金成本，有利于企业的资金周转。这些政策支持极大地推动了武汉跨境电商综试区的建设，为跨境电商行业的发展提供了良好的环境。

（二）劣势

1. 缺乏充足货源

发展跨境电商，无论是阿里巴巴国际站、全球速卖通，还是亚马逊等平台，都需要有充足的货源支撑，但是武汉市缺乏适合在电商平台上销售的特色产品。比如，浙江义乌的特色产品是各类百货商品，山东威海的特色产品是各种渔具，河南许昌的特色产品是假发等。但是武汉市生产的汽车、钢铁等产品并不适合在跨境电商平台上销售。因此，武汉市发展跨境电商需要从其他地区寻找货源，这样顾客下单之后，卖家就需要从外地调货，从而增加了产品的物流成本，在一定程度上减弱了产品在跨境电商平台上的价格竞争力。更加重要的是，武汉市的卖家并不是直接的生产厂家，很难控制产品的备货期和物流的时效性，同时产品的质量也难以得到保证，这些因素会在很大程度上导致买家购买体验不佳，这是造成平台纠纷和差评的重要原因。

2. 缺少自主品牌

武汉市跨境电商企业缺乏能够在跨境电商平台上销售的独立的自主品牌，因此品牌市场竞争力严重不足，难以在国际市场上扩大市场份额。缺乏品牌效应，产品的吸引力不足，顾客难以对产品具有深刻的印象和认识，产品的质量及效果不能被顾客所熟悉，产品也难以在国际市场上得到快速推广，从而导致跨境电商企业在市场开拓方面存在一定的困难。

3. 企业间缺乏交流

在跨境电商行业，随着越来越多的企业参与进来，电商企业之间竞争较激烈，但由于同行企业缺少经验交流沟通，不能充分地将各自的优势通过交流进行分享和整合，难以实现合作共赢。电商企业、物流企业与海关等部门之间的信息交流不充分，在一定程度上造成物流信息更新较慢、物流服务不完善，影响货物信息追踪的及时性，容易产生包裹被扣留甚至丢失的现象，同时也会影响货物的时效性。这在一定程度上会影响客户的购买体验，甚至会产生平台纠纷，不利于树立良好的负责任的企业形象。

（三）机遇

"一带一路"倡议提出十年来（截至2023年底），我国已与152个国家、32个国际组织签署了200多份共建"一带一路"合作文件，覆盖我国83％的建交国。这意味着"一带一路"建设为跨境电商行业提供了崭新的机遇，促进行业不断拓展共建国家的市场，提高市场占有率。2017年4月，中国（湖北）自由贸易试验区正式挂牌成立，涵盖武汉片区、襄阳片区和宜昌片区。之后《武汉东湖新技术开发区关于促进跨境电子商务发展的支持办法》出台，指出设立跨境电子商务产业发展专项支持资金，鼓励跨境电子商务主体培育，鼓励跨境电子商务仓储物流建设，鼓励跨境电子商务行业配套支撑发展，鼓励跨境电子商务企业运用金融服务等。这些措施不仅为武汉市发展跨境电商提供了资金支持，也完善了相关配套设施和服务。此外，截至2024年6月，中欧班列（武汉）已有53条跨境运输线路，形成"七龙出关"（阿拉山口、霍尔果斯、二连浩特、满洲里、凭祥、磨憨、绥芬河）格局，线路辐射欧亚大陆40个国家116个城市，这为跨境电商行业的发展给予了极大的帮助。这些措施都为武汉市发展跨境电商提供了巨大的支持，成为跨境电商行业发展的重要机遇。

（四）挑战

1. 汇率风险

跨境电商是与世界各国和地区进行的贸易往来，容易受到国际经济大环境的影响。结算货币的多样化、各国汇率的变动等因素会使跨境电商企业的总体交易额产生波动，由此引起企业经营利润的不确定。一旦汇率出现波动，企业可能会面临利润缩水的风险，造成一定程度上企业经营风险的增大，这对跨境电商的发展无疑是一个不可忽视的挑战。

2. 跨境物流体系尚不完善

跨境物流体系的不完善，会对跨境电商的发展造成极大的不便。物流运输产生的问题，会造成货物运输超时、丢失等一系列问题，最终会引起客户购买体验不佳甚至纠纷等，对平台的运营造成一定影响，也不利于客户关系的维系。根据同济大学中国交通研究院等5家机构联合发布的《中国城市物流竞争力报告（2020）》，武汉位居全国城市物流竞争力第六位，但对于发展跨境电商而言，武汉的物流服务体系仍然不够完善。此外，武汉提供国际物流服务的规模大且专业的物流企业数量较少，无法形成竞争市场，物流价格相对较高。这样一来跨境电商企业就丧失了运费优惠的优势，造成武汉市跨境电商企业开发和维系客户关系较困难，跨境电商发展相对较缓慢。

二、武汉市跨境电商高质量发展建议

（一）加大自主品牌的研发

自主品牌的建立，有利于跨境电商企业的产品在国际上扩大推广，对跨境电商的快速发展具有重要的推动作用。发展跨境电商的企业应当充分进行市场调查，依托互联网大数据技术，通过对获取的数据进行分析，了解各国消费者的消费习惯和购买偏好，制定具体的方案，提供有针对性的服务。这些行动有利于跨境电商企业树立良好的品牌形象。

武汉市发展跨境电商，应该充分利用本地资源，做好产品定位和运营策略，以消费者的需求为导向，不断对产品进行研发创新，使产品能够获得更多消费者的喜爱，从而渐渐占领境外市场份额。例如，欧洲茶商比较喜欢黑茶，但对外观粗糙的砖茶不感兴趣，湖南茶企经过不断的技术创新，研发出外观相似于立顿红茶、内在品质却是正宗茯砖风味的速泡茶，在东欧市场上非常受欢迎。武汉市跨境电商企业应当结合本地的发展优势条件，加大对产品研发的投入，加快打造自主品牌，建立科学的运营管理系统，提高技术水平和产品质量，努力在国际上塑造良好的企业形象。此外，还要改善产品的售后服务，完善用户体验；提高退货效率，降低运费成本，尽量避免客户差评和投诉。

（二）加快跨境物流服务体系建设

关于武汉市跨境电商物流方面存在的问题，可以通过借助外力来改善。武汉市缺少货源和发展跨境物流的优势，可以尝试将货源和跨境物流的两个环节放在武汉市以外的其他城市，只需要将运营环节保留在武汉市。比如将广州作为货源地，货源采购在广州，有客户订单时，直接从广州发国际快递。这不仅可以化解武汉发展跨境电商的劣势，也可以充分利用武汉人力资源丰富的优势提高平台运营水平，有效地取长补短，改善武汉市的物流运输情况。此外，武汉市需要积极整合现有的一些小、散、弱的跨境物流服务资源，以湖北自贸区武汉片区为依托，加大人力、物力、财力以及政策的扶持力度，将分散的物流资源进行合理的整合聚集，发挥集聚效应，加强信息资源共享，完善跨境电商物流系统，全面提升服务水平和竞争优势。这也是改善武汉市跨境物流条件的重要策略。

在政府政策层面，政府应重视对交通设施的投资，提高投资金额，加快建设普通国道，建设综合性的多式联运通道，为跨境电商物流发展提供优质的交通方式。完善国际航线布局，积极发展新的国际航线，缩短武汉飞往主要目标国家航班的时间间隔，增加航班班次，提高货物的运输效率。建设并完善专门的快递物流园、邮件集中处理中心，从而提高效率，降低成本，为武汉市跨境电商业务增长提供物流支撑。

在企业层面，跨境电商企业应重视信息交流、资源共享，以实现安全、快速、低成本的运输。对于货物被退回的问题，武汉市内跨境电商企业可以共同成立一个专门为企业提供退换货服务的仓库，负责集中处理从境外退回的货物，集中包揽全市退换货的订单，分类之后统一进行退换货。这样既可以减少物流成本，也可以加快退换货的运输时效，在一定程度上改善售后服务，提高顾客的购物满意度。

（三）加强企业间的交流协作

跨境电商并不只涉及某一个单独的领域，它是电商、物流、海关等多个不同行业和部门通过相互合作来实现的贸易形式。发展跨境电商，需要加强与国际物流企业以及各国海关相关部门之间的信息交流与协作。一个行业的成长需要多方力量的推动。同一行业内企业之间加强信息技术交流协作，有利于企业相互学习借鉴，不断完善，更好地推动企业的深入发展。不同行业的企业之间加强信息互通，有利于企业在掌握各国各地区不同的海关政策的基础上，为顾客提供恰当优惠的解决措施，同时也可以有效地避免因不了解某一国家或地区的某项规定，造成货物被扣关或在海关停留较长时间。

加强企业间的交流协作，完善跨境电商企业与国际物流公司、海关部门之间的配合，遇到问题及时沟通，共同协商，提供恰当合适的解决措施，有利于推动货物顺利运输，及时准确地到达顾客手中，企业也可以实现自身价值，避免不必要的损耗,从而提高利润。

综上所述,武汉市发展跨境电商具有丰富的教育资源优势,但也存在缺乏特色货源、跨境物流体系不完善等问题。武汉市更好地发展跨境电商,需要扬长避短,充分发挥教育资源的优势,为本市跨境电商的发展提供高素质、专业化的人才;同时要根据目标国家和地区的消费喜好,有针对性地进行产品生产,加强自主品牌的研发,加强企业之间的信息交流协作,建立一套完整的物流服务体系等。此外,政府部门要根据武汉市跨境电商的具体发展情况,制定恰当的发展策略。"一带一路"建设和RCEP的推进为武汉市跨境电商的发展提供了巨大机遇,如何牢牢把握住,加快本市跨境电商的发展,仍需要对跨境电商平台的服务、物流运输等各个方面进行不断的完善,找到适合武汉市跨境电商发展的模式,采取有针对性的发展策略,同时也要充分利用好国家战略为跨境电商的发展带来的有利条件,促进经济的高质量发展。

第四节 襄阳市跨境电商发展SWOT分析

襄阳市是湖北省占地面积第二大的城市,以自身优势建成了全省大型高速铁路枢纽。襄阳市加速融入全国"八纵八横"高铁网,铺开"七省通衢"新画卷,再次成为全国性交通枢纽,并助力襄阳跻身全国工业明星城市之列。2022年,襄阳市地区生产总值5827.81亿元,比2021年增长5.4%;进出口总额371.5亿元,比2021年增长31.2%。2022年末襄阳市常住人口527.6万人,常住人口城镇化率为63.2%。2022年2月,襄阳市获批国家第六批跨境电子商务综合试验区。依托"自贸试验区+综合保税区+跨境电商综试区"等平台政策叠加优势,襄阳市跨境电商的贸易交流更为方便、快捷,在寻求创新发展道路的同时不断刺激现代服务业、汽车行业等的发展。

襄阳市跨境电商的发展与湖北省大部分城市一样,面临着物流成本高、专业人才不足等问题。襄阳市虽然铁路发达,水运、航运也逐步发展起来,但在物流运输方面大多采用公路运输,容易引起物流延迟、商品损毁等问题,物流运输结构存在不合理性；交易企业之间在物流信息方面未能实现互通有无，物流信息存在更新不及时、不畅通等问题；跨境电商企业因为规模较小，各企业间又缺少交流合作，物流运输较为散乱，规划性较差。另外，因为襄阳市的城市发展与北京、上海、广州、深圳等发达城市之间存在着难以逾越的鸿沟，真正能在跨境电商行业大显身手的专业人才留在襄阳发展的意向较低。

"一带一路"等国家战略的实施对湖北省有重大影响，襄阳市跨境电商也应抓住对外开放的机会，加强与省内其他市州，特别是与邻近的十堰、随州等城市的区域合作，形成共同发展意识，致力于促进城市的统一发展，在推动跨境电商行业发展的进程中守望相助。2021年8月，襄阳市依托襄阳跨境电商的"深圳中转仓"，第一次以异地办理出口手续的方式成功完成了跨境电商贸易，这一异地办理模式的运行降低了当地跨境电商企业的成本，也能吸引外贸企业选择襄阳的产品。

一、襄阳跨境电商发展概况

（一）襄阳自贸片区跨境电商发展情况

襄阳自贸片区全称为中国（湖北）自由贸易试验区襄阳片区，规划面积约为22平方千米，于2017年4月1日正式挂牌成立，位于襄阳高新区（全称是襄阳国家高新技术产业开发区）辖区内，是中国（湖北）自由贸易试验区的三个片区之一。设立中国（湖北）自由贸易试验区，是党中央、国务院在新形势下推进改革开放、加快长江经济带发展、促进中部崛起的重大战略举措，旨在推动内陆开放型经济的发展，增强中部地区对外开放的能力。2021年1月15日，国务院批复同意设立襄阳综合保税区，襄阳口岸开放取得重大突破。

襄阳自贸片区跨境电商产业园是襄阳市执行国家"互联网+"行动计划、"一带一路"倡议在电子商务和对外经济贸易领域的重点项目，主要依托襄阳国家高新区、自贸片区、综合保税区、跨境电商综试区"四区叠加"优势，以跨境电子商务产业聚焦发展为主导，集聚跨境电子商务企业、跨境电子商务服务商以及政府相关管理服务功能，为入驻企业提供相应基础设施保障和公共服务区域，通过规模效应帮助企业降低成本，打造"资源服务＋招商平台＋外贸综合服务＋示范产业园区＋孵化基地＋人才培训"的综合性、复合型、多功能产业引领中心，推动都市圈外向型经济高质量发展。

自成立以来，襄阳自贸片区取得了一系列成果，建设了跨境电商服务中心、襄阳综合保税区等，促进了跨境电商产业发展，吸引了大量国内外跨境电商企业进驻襄阳，推动了襄阳经济发展。2020年1月，襄阳市获批跨境电商零售进口试点城市；襄阳自贸片区抢抓机遇，建设了跨境电商产业园，大力引进跨境电商企业和人才。2022年襄阳自贸片区跨境电商产业园被认定为省级跨境电商产业园，为湖北省首批6家省级跨境电商产业园之一。襄阳自贸片区跨境电商产业园内建设有一个平台——线下跨境电商综合服务平台，两个中心——跨境电商商品展示中心和跨境电商资源服务中心，三个基地——人才培训基地、双创孵化基地、新经济直播基地，四个板块——公共服务板块、第三方服务商板块、小微孵化板块、成长型企业板块，为园区内的入驻企业提供交流培训、融资投资、创业辅导、资源管理等全方位服务，助力跨境电商企业发展。

截至2023年3月，跨境电商产业园内共入驻跨境电商企业127家，包括敦煌网、阿里巴巴国际站等国内外知名跨境电商企业；园区企业实现进出口包裹270余万件，进出口贸易额4.83亿元，提供就业岗位500余个，发明专利5个，知识产权认证22个。

襄阳自贸片区跨境电商的发展对于襄阳市乃至湖北省经济的发展都具有重要意义。首先，襄阳自贸片区跨境电商的发展加快了襄阳市、湖北省与全球经济的融合，推动襄阳市经济转型升级，促进中部地区经济发展。其次，襄阳自贸片区跨境电商发展有助于优化我国自贸区、电子商务综试区的布局，形成多层次、多领域的跨境电商体系。此外，襄阳自贸片区跨境电商发展也促进了我国与共建"一带一路"国家的贸易往来，促进区域间的经济合作与发展。

（二）与其他自贸片区跨境电商发展情况对比

虽然自贸区的建设为跨境电商的发展提供了有利条件，但由于每一地区自贸区的具体发展存有一些差别，跨境电商发展水平也不尽相同。襄阳自贸片区与条件接近的洛阳、宜昌自贸片区相比看来，还存在较大不同。

从地理位置来看，襄阳、洛阳、宜昌三个城市同属于中部地区城市，地理位置相对较近；从经济发展水平来看，2022年，襄阳市、洛阳市、宜昌市的GDP分别为5827.81亿元、5675.20亿元、5502.69亿元（见表7-1），三者水平较为接近；从自贸片区成立时间来看，洛阳自贸片区成立于2016年，襄阳、宜昌自贸片区成立于2017年，三者成立时间较为接近。

表7-1 2022年三市自贸片区发展情况对比

城市	GDP/亿元	跨境电商进出口额/亿元	跨境电商进出口额占GDP比重/（%）
洛阳市	5675.20	72.17	1.27
宜昌市	5502.69	14.43	0.26
襄阳市	5827.81	4.18	0.07

如表7-1所示，2022年洛阳市跨境电商进出口交易额达72.17亿元，截至2023年5月，洛阳市拥有各类跨境电商经营主体及服务企业1207家，其中高新技术企业151家，共建设36个海外仓。2021年宜昌市跨境电商进出口额达到6.36亿元，2022年宜昌市跨境电商进出口额14.43亿元，跨境电商自主品牌达到14个。截至2022年7月，宜昌市电商市场主体达3.6万余个，电子商务交易额达2000多亿元，其中，网络销售额过千万电商企业达65家，农产品网上销售额75亿元。2022年襄阳市跨境电商实现进出口额4.18亿元，2023年，襄阳市跨境电商实现进出口额19.53亿元，同比增长约367%。从上述数据来看，襄阳自贸片区跨境电商发展情况与洛阳自贸片区、宜昌自贸片区相比还存在较大差距，应进一步分析襄阳自贸片区跨境电商发展情况，深度探究襄阳自贸片区跨境电商发展缓慢的原因。

（三）发展目标

2022年8月，湖北省人民政府正式印发《中国（襄阳）跨境电子商务综合试验区实施方案》（以下简称《实施方案》）。《实施方案》明确了襄阳跨境电商综试区的发展目标：通过3年努力，营造贸易便利、服务高效、公平诚信、安全规范的营商环境，促进襄阳跨境电子商务市场主体集聚发展、重点领域重点产业重点企业突出发展、各县（市、区）产业园区配套完备均衡发展。围绕襄阳汽车及零部件、电子信息、医药化工、农产品及深加工等产业发展跨境电子商务产业集群。至2025年，引进培育跨境电子商务龙头企业3~5家，过千万元跨境电子商务企业50家；培育10家以上知名跨境电商企业，打造省级跨境电子商务产业园2~3个，培育跨境电商人才3000名以上，跨境电子商务交易总额突破100亿元人民币，争取在全国同批综合试验区考核中处于领先位次。

三、襄阳市跨境电商SWOT分析

（一）优势

1.四区叠加、联动发展

襄阳市跨境电商产业园以襄阳市综合保税区为载体平台，推动区园联动发展，发挥综合保税区、自贸试验区、跨境电子商务综合试验区、高新技术产业开发区"四区叠加"优势，将跨境电商中小卖家的出口商品集中在综保区内报关，协助综保区实现多种开放式、试点式、突破式的创新，为襄阳市跨境电商新业态高质量发展提供保障。

综合保税区属于国家海关特殊监管区域中的一类，具有独特的"境内关外"性质，是目前国内除自贸区以外开放层次最高、优惠政策最多、功能最齐全、通关最便利的特殊开放区域。在综合保税区内，可以实行境外商品的进口、加工、存储、展示、销售等一系列贸易和商务活动。同时，在综合保税区内企业还可以享受到一系列政策优惠，如免税、减税、补贴等，这些优惠政策可以有效地降低企业经营成本，提高企业竞争力和创新能力。襄阳市综合保税区是在保税物流中心（B型）基础上建成的，主要建设保税物流区、保税加工区、保税服务区、检验检疫区等核心功能板块，开展保税仓储、出口退税、简单加工、转口贸易、物流服务等业务。襄阳市综合保税区可以运用现代化信息操作，提高物流效率，缓解跨境电商企业信息不对称的问题；可以利用保税物流中心的仓储、运输、加工等功能，使得售后服务更快捷，改善售后服务；还可以为企业提供通关一条龙服务，解决退税结算困难。

跨境电子商务综合试验区是我国设立的跨境电子商务综合性质的先行先试的城市区域，截至2022年底全国范围内共设立7批165个跨境电子商务综合试验区，襄阳市跨境电子商务综合试验区属于第六批次，发展相对较晚。跨境电子商务综合试验区可以在无票免税、所得税核定征收、通关便利化、放宽进口监管等方面为跨境电商企业提供便利。襄阳市大力推动"四区叠加"优势，使跨境电商企业可以同时享受到四区的便利条件，有利于跨境电商企业高速和高质量发展。

2. 襄阳市铁路物流运输便利

襄阳自贸片区陆续开通了"襄汉欧""襄渝欧""襄西欧"国际货运班列，覆盖欧洲80%的主要货运站点，实现襄欧班列"三龙出关"；打通襄阳至越南的国际铁路联运通道，积极推进襄阳至宁波、上海等"铁海"联运，襄阳至武汉阳逻港"铁水"联运通道线路常态化运营，截至2023年底襄阳自贸片区已经开辟了9条国际物流通道。2022年底，襄阳市投资25亿元建设襄阳铁路物流基地。该基地以"一带一路""西部陆海新通道"为纽带，通过中欧班列连接关中城市群、中原城市群、武汉都市圈和成渝城市群，辐射周边城市，基地建成后将降低跨境电商主体物流成本，大大促进襄阳市跨境电商产业发展。

3. 襄阳自贸片区跨境电商市场潜力较大

逐年增加的互联网用户数量以及网购消费额为襄阳自贸片区跨境电商产业的发展提供了广大的需求潜力。中国互联网络信息中心（CNNIC）发布的第51次《中国互联网络发展状况统计报告》显示，截至2022年12月，我国网络购物用户达8.45亿人，2022年全国网上零售额达13.79万亿元。从消费能力来看，2022年襄阳市城镇常住居民人均可支配收入4.39万元，同比增长6.5%，增速高于全省平均水平0.7个百分点；农村常住居民人均可支配收入2.25万元，同比增长8.6%，增速高于全省平均水平0.7个百分点；同时襄阳市2022年GDP达5827.81亿元，位居湖北省第2位、中部非省会城市第1位、全国第45位。襄阳市相对较高的经济发展水平和较大的市场需求潜力为襄阳市跨境电商产业发展提供了良好的经济条件。

（二）劣势

1. 海运成本相对较高

物流对于电商而言可谓是生命线，其贯穿于产业链的始终，但是物流问题也是严重制约跨境电商企业发展的重要因素之一。襄阳市虽然开辟了9条国际物流通道，覆盖欧洲80％的主要货运站点，铁路物流运输便利，但襄阳市本身不沿边、不靠海，远离边境口岸，尤其是对于需要海运的业务，相较于沿海、沿边城市而言，对外物流成本偏高，增加了襄阳市跨境电商企业的经营成本。

2. 商品退换等售后难

随着跨境电商的不断发展，消费者退换货问题逐渐凸显出来。由于涉及跨境交易，退换货的流程变得复杂，商品退换等售后服务成了跨境电商企业面临的一个难题。跨境电商涉及不同国家和地区之间的货物运输、海关检查等，商品退换等售后服务的质量、速度与国内电商相比差距较大，降低了消费者的消费体验。

3. 专业人才不足

目前，襄阳市的跨境电商专业人才严重落后于市场需求，这阻碍了跨境电商产业的发展。对于跨境电商专业人才来说，必须具备极强的综合能力，以满足岗位需求，跨境电商专业人才应掌握的基本技能包括外语、电子商务和国际贸易专业知识。跨境电商面对的是世界各地的消费者，因此跨境电商专业人才还需要熟练掌握境外客户需求、消费观念和文化等，以满足精准介绍、推销产品的要求，但目前襄阳市的跨境电商专业人才对这些方面技能的掌握较为落后。

第一，跨境电商专业人才的培养缺乏高校的参与和推动，这严重阻碍了跨境电商企业的海外业务拓展。根据当前跨境电商行业的招聘信息，当前跨境电商企业对语言技能的要求相对较高，这也成为较大的问题之一。在实际工作中，跨境电商专业人才不仅需要掌握产品信息，还需要与境外买家沟通，因此，跨境电商专业人才的外语水平要求很高。由于我国教育中外语培养模式的局限，培养出来的人才较难满足跨境电商行业对外语能力的要求。一方面，学生在校期间主要学习的外语是英语，而跨境电商面对的是世界各地的消费者，从业人员需要掌握的不仅是英语，还有德语、法语以及一些其他语种；能够熟练掌握外语的通常是外语专业的学生，但其电子商务和国际贸易专业知识水平较低，无法满足跨境电商行业对商务贸易知识的要求。另一方面，我国学生的外语学习更多是为了应试，这就导致电子商务和国际贸易专业的学生即使能够掌握一定水平的外语，但也很难流利地与买家、卖家交流，难以满足跨境电商行业对语言的要求。第二，企业自己培养无论从时间价值还是成本价值看都不划算，整体氛围也不是很浓厚。第三，襄阳市的经济发展水平有限，难以为优秀人才提供令其满意的薪资待遇和就业环境，在人才竞争方面处于劣势地位。

4. 营销手段不足

跨境电商的营销手段是开拓海外市场不可或缺的一环，营销手段的多样化和创新性对于企业的海外市场拓展至关重要。然而，襄阳自贸片区在跨境电商营销方面的投入不足，导致企业在开拓海外市场时遇到较大的困难。由于国内外文化差异，探究国外消费者的消费心理存在一定难度，这使得跨境电商平台的推广效果比同等推广力度的国内电商平台差得多。

5. 跨境电商企业竞争力不足

一方面，襄阳市跨境电商产业以进口为主，出口相对较少，同时出口的产品大多技术含量较低，产品同质化严重，导致产品附加值比较低，竞争力较弱；另一方面，襄阳市跨境电商企业品牌建设不足，没有打造本土知名品牌，未能发挥品牌效应。亚马逊欧美消费者购买意向的调查显示，约有40%的消费者表示不太会购买不熟悉的品牌。由此可以看出，消费者更倾向于购买自己熟悉的品牌，同时品牌建设可以提升消费者对产品的忠诚度，提高产品的竞争力和附加值，因此品牌建设对于跨境电商产品销售的意义非常重大。襄阳市跨境电商企业应当重视品牌建设，打造良好的品牌形象，提高企业、产品的知名度，从而获得竞争优势。

（三）机遇

1. 国家层面的政策支持

截至2023年底，我国共建立了22个自由贸易试验区，2013—2023年跨境电子商务综合试验区的扩围呈现由东部、南部沿海地区向内陆省份扩展，从中心城市、省会城市向二三线城市延伸的特点，覆盖全国31个省区市。这些行动旨在推进"一带一路"建设和西部大开发、中部地区崛起等国家发展战略的贯彻实施。襄阳市位于中部地区，开设有多个途经共建"一带一路"国家的国际货运班列，在建的铁路物流基地也以"一带一路"为纽带运输货物，因此襄阳市应当抓住中部地区崛起战略和"一带一路"建设等机遇，借助国家政策的东风促进襄阳市跨境电商发展。

（1）中部地区崛起战略支持。中部地区崛起战略是国家促进中部地区发展的重大决策部署，近些年襄阳市在中部六省80余市中经济发展水平位居前十，2022年超过洛阳成为中部地区非省会城市第一，基础设施较为完善，是中部地区崛起战略的重点城市之一，襄阳市发展跨境电商产业均会受到中部地区崛起战略的大力支持。

（2）"一带一路"建设支持。"一带一路"建设贯穿亚欧非大陆，涉及150多个国家、30多个国际组织，东部为产业结构完整、劳动力资源丰富的东亚，西部为经济、技术发达的欧洲，中部为发展潜力巨大的中亚地区，跨境电商市场前景广阔。随着"一带一路"建设的推进，共建国家跨境电商贸易规则、物流规则、产品和服务标准逐渐统一、完善；中欧班列等物流交通网络的建设，使得襄阳自贸片区跨境电商与共建国家贸易进出口的物流成本大幅降低；同时共建国家跨境电商产业链、基础设施也在不断完善，襄阳市跨境电商与共建国家的贸易更加便捷、质量不断提高。

2. 地方政策支持

襄阳市委、市政府高度重视自贸片区建设和跨境电商发展，已出台多个促进自贸片区建设和跨境电商发展的文件，2020—2023年陆续出台了《襄阳跨境电商零售进口试点城市工作方案》《关于促进跨境电商突破性发展的实施意见》《襄阳综合保税区招商引资扶持办法》等文件，从贸易、物流、海外仓储、产业聚集等多个方面支持自贸片区建设和跨境电商新业态发展。其中，《关于促进跨境电商突破性发展的实施意见》提出了大量奖励补贴措施，极大地激发了跨境电商企业入驻襄阳、开展业务的积极性：对完成特定业务模式的跨境电商企业，可给予一次性最高60万元的奖励；对年进出口额在1000万元及以上的跨境电商企业，每1000万元奖励2万元，在1亿元及以上的，每1亿元奖励20万元；对企业自建或者租赁公共海外仓开展跨境电商业务，面积超过500平方米且服务本市3家及以上跨境电商企业实际发生业务的，一次性补贴年租金或建设投资的20%。

同时，襄阳市委、市政府组织开展跨境电商"十百千万"专项行动，组织重点跨境电商企业参展网上广交会拓展市场；大力实施"跨境电商＋产业集群"和跨境电商人才培育工程，推动襄阳汽车及零部件、纺织服装、农产品及深加工等产业与跨境电商融合联动发展；鼓励引导有实力的市场主体共建共享海外仓，打造一批以产业链为纽带，大企业引领、中小企业支撑，各主体优势互补、相互协作的外贸新业态集群。

（四）挑战

1. 贸易壁垒增多

当前国际经济环境更加复杂，部分地区受经济下滑的影响，消费者的消费欲望和购买力下降，单边主义、贸易保护主义抬头，贸易壁垒增加，我国跨境电商贸易环境不确定性增加；同时，跨境电商以其独特的运营模式大大降低了进出口企业相关产品的成本，这些产品在国外具备价格优势，能够以更低的价格出售，但是由于对进口国市场造成了冲击，跨境电商企业常常遭到进口国的抵制和制裁。

2. 外部竞争压力

由于经济全球化发展以及我国地区经济发展不平衡等因素，襄阳市跨境电商产业发展面临国外、国内双重竞争压力。国外方面，面临着东南亚地区劳动力资源廉价、土地使用费用较低等竞争压力，以及欧美发达国家产品附加值高、品牌塑造优势等竞争压力。国内方面，面临着与其他地区，尤其是经济发达地区跨境电商竞争的压力。

从我国现状来看，经济发展优势地区主要依靠的是长久发展所带来的福利，这也使得这些地区一直都能处于跨境电子商务领域的领先地位。襄阳市虽然经济发展水平相对较高，但与北京、上海、广州等经济发达城市相比仍有不足，受经济发展水平的限制，襄阳市在人才吸引、招商引资、政府补贴方面与经济发达地区有较大的差距；同时各城市、地区针对产业结构和自身优势，也在竞相制定政策和服务体系以促进当地跨境电商发展。

四、襄阳自贸片区跨境电商发展应对策略

（一）推进建设海外仓

海外仓可以提供更快、更便捷的物流配送服务，通常位于跨境电商销售较为集中的地区，例如欧美、东南亚等地区。

降低跨境交易风险。海外仓可以协助企业处理商品入境海关的问题，避免由于海关检查、税收问题等导致订单滞留，同时也减少了退货、退款等风险。

降低物流成本。海外仓可以将商品存储在目标市场当地，降低了长途海运和空运带来的高昂物流成本，同时也能够降低物流中仓储、运输等环节的成本。海外仓的建设有助于解决襄阳自贸片区海运成本较高的问题。

提高物流速度。一方面，海外仓可以加快商品上架、备货和发货的速度，为企业提供更快速、更灵活的供应链服务，提高销售效率；另一方面，海外仓位于目标市场当地，可提供本地化服务，大幅缩短了运输时间，能够快速响应客户需求，提高客户满意度，能够更好地解决海外退换等售后服务问题，提高消费者的消费体验。

可以说，海外仓使跨境电商的运营能够真正归于本土化。海外仓的建设对襄阳自贸片区跨境电商产业发展有着至关重要的作用，因此襄阳市应当积极开

展海外仓建设。海外仓建设成本较高，往往只有货代企业和中型以上的跨境电商企业才有能力去做，对于小企业而言负担可能较重，因此可以采用"有条件的自主经营，条件不成熟的合作建仓，实力不足的租用共用仓"的模式。此外，襄阳市委、市政府应当为海外仓建设提供政策支持，为襄阳市跨境电商发展提供便利条件。

（二）人才培养与人才引进同步进行

1.创新人才培养模式

政府、企业和高校应当合作培养跨境电商专业人才。首先，高校应当制定更加符合行业发展要求的人才培养方案，针对跨境电商行业人才需求，可以通过增设专业外语、数字贸易、新媒体运营、跨境电商相关课程，采用双学位教学培养的方式，提高学生的理论素养，使得外语专业学生懂一定商务知识，跨境电商相关专业的学生具有一定的外语水平；同时还应加强校企合作，开展订单式培养，在学校理论教学的基础之上，增加社会实践培训和职业技能培训，提升学生实践水平，有效结合企业的实际案例，将真实的项目引入课堂，培养能够满足跨境电子商务行业需求的复合型人才。其次，提升政府对跨境电商教育的重视程度是解决人才结构性短缺问题的关键所在。地方政府应当鼓励和引导地方高校改进教育和教学方法，促进校企合作，为创新人才培养模式提供政策支持，如为已达成合作协议的高校和企业提供一定的技能培训补贴，以鼓励跨境电商专业人才培养。同时，政府应当履行监管责任，监督高校与跨境电商企业人才培养模式。

目前，襄阳自贸片区已和武汉理工大学共同建设人才联合培养基地，为自贸片区的跨境电子商务行业培养高素质、高水平、满足行业发展需要的人才。未来，应当扩大人才培训规模，与更多高校联合培养，与更高层次的高校合作，为襄阳市跨境电商发展培养更多更高水平的人才。

2.企业应当注重提升在职员工素养

人才培养模式的改革需要一定的时间，同时人才培养模式改革后大学生从入学到毕业入职还需要一定的时间,因此在改革期间还可以通过其他方式,为跨境电商企业培养人才。

跨境电商企业应当积极开展对在职员工的职业技能培训,跨境电商企业可以与高校合作,依托高校学科齐全、教学水平高的优势,为在职员工提供职业技能培训,提升在职员工的专业素养,如联合高校为在职员工开设外语辅导,组织在职员工参加高校举办的学术会议等;同时,还应当鼓励员工提升自我,对报名参加各种职业技能培训的员工给予一定的补贴,优先提拔参加学习并考核合格的员工,激励在职员工提升自身职业素养。政府对于企业开展的在职员工职业技能培训应当给予政策支持,可以通过为其提供补贴和减免税费的方式,降低企业培训成本,激发企业开展员工职业技能培训的积极性。

3. 引进高水平跨境电商人才

跨境电商企业可以通过提高薪资待遇水平的方式,吸引国内外高水平人才入职。跨境电商企业可以积极到各大高校进行招聘宣讲,并通过自媒体等渠道宣传企业人才引进政策,吸引国内外高水平人才入职;还可以采取引进人才激励机制以吸引高级人才的入驻。通过给予高工资、高补贴的方式吸引一些其他地区的在职高水平人才"跳槽"到襄阳市跨境电商企业。

政府在引进高水平跨境电商人才方面的作用不可或缺,高水平人才到襄阳工作考虑的不仅仅是薪资待遇问题,还有子女教育、住房条件等,政府应当加大跨境电商专业人才引进的政策支持,解决高水平人才入职的后顾之忧。襄阳市可以依托本地良好的义务教育水平和高中教学水平,在高水平人才子女入学方面提供便利,解决高水平人才的子女教育之忧;同时对于住房问题,襄阳市政府可以通过为其提供人才公寓和租赁补贴的方式暂时解决居住问题,在高水平人才工作满一定年限后,可以为其提供一次性的购房补贴和低息、无息购房贷款,降低高水平人才的购房成本,解决高水平人才的住房之忧。

(三)加强品牌建设和产品宣传

一方面,襄阳市跨境电商企业应当构建自己的品牌,要明确产品的目标消费群体,确定自己的产品定位、企业定位,进而打造品牌的核心价值;要加大海外宣传和推广，让海外消费者认识到品牌，通过广告、海外代言、慈善活动等方式宣传品牌，强化品牌在消费者心中的形象和影响力。当然，品牌形象是建立在产品和服务之上的，品牌建设最根本的是产品质量和服务质量，跨境电商企业要确保产品的质量和售前、售后服务，及时处理消费者提出的问题和意见。

另一方面，襄阳市跨境电商企业要创新宣传、营销模式，可以利用直播带货等模式推销商品。直播带货是一种新型的电子商务模式，它将直播和电子商务相结合，通过实时互动的形式，向消费者推销商品并促成交易。这种模式主要在我国市场中流行，并且在近几年得到了极大的发展。许多企业都利用这种方式进行产品推销，吸引了大量的关注和购买。直播带货的优势在于可以直接面向消费者，通过直播平台进行商品介绍和推销，以及实时回答消费者的问题，增强了消费者对商品的信任感和购买欲望。同时，直播带货还可以打破传统电子商务中商品图片和文字描述的限制，通过实际演示和体验来展示商品的性能和功能，增强消费者的购买信心和购买欲望。根据我国对外开放程度，未来跨境电商要突破零售业与商品批发的限制，逐步推进跨境商品供销融合，直播业态将助推跨境电商的发展。

襄阳市跨境电商企业可以选择合适的主播，通过国内外直播平台，如国内的抖音、快手平台，国外的 Facebook Live、TikTok 等进行直播带货，在直播带货的同时也应分析不同国家和地区消费者的兴趣爱好、需求偏好，并通过优惠券、打折券的方式吸引消费者下单。目前，襄阳综合保税区正在试验跨境电商直播带货新模式，不仅能让消费者更直观地了解跨境电商商品，优化消费体验，也给跨境电商企业带来了销售新通道，为襄阳市跨境电商零售注入了新动能。在未来还应当扩大直播带货的规模，举办更多的跨境电商直播带货，利用直播带货促进跨境电商产品销售，助力襄阳经济发展。

（四）多方位解决贸易壁垒

当前世界经济发展放缓，各国都面临巨大的经济增长压力，贸易保护主义抬头，贸易壁垒增多。在此情况下，我国企业应熟悉解决国际贸易争端的方法，熟练掌握解决争端的规则，做好准备抑制贸易摩擦。我国企业可以从以下方面入手，应对贸易壁垒。

1. 构建多元市场

跨境电商企业应当构建多元化市场，以降低对特定市场的依赖，例如拓展其他国家或地区的市场，分散风险，减少某一国家、某一地区贸易保护主义、贸易壁垒对跨境电商企业的影响。襄阳市跨境电商企业也应联合多方优势，开发元市场以降低经营风险。

2. 运用法律武器捍卫自身权益

跨境电商企业应当深入了解WTO规则、当地的法律法规等，尽可能地避免法律风险；可以考虑雇佣当地专业律师或咨询公司，以确保产品的生产、销售符合当地法律要求。同时，跨境电商企业也要积极运用法律武器维护自身合法权益，对于外国政府不正当的打压、区别对待，要利用WTO规则、国际法维护自身合法权益，积极寻求我国政府帮助。

3. 发挥政府作用

政府对于贸易壁垒的解决具有重要意义，我国政府应当为跨境电商企业提供法律帮助，积极利用WTO规则与相关国家进行磋商、谈判，保护我国跨境电商企业的合法权益。襄阳市政府可以与专业法律服务机构、法学高校合作，定期组织跨境电商企业进行法律培训，讲解WTO规则与常见贸易风险应对方法。

（五）加大政策支持

政府的政策对跨境电商行业的发展起着极为重要的作用。许多城市都出台了大量有利于本地区跨境电商行业发展的政策，促进本地区跨境电商企业发展，提升企业竞争优势。湖北省政府和襄阳市政府应当持续加大对襄阳跨境电商行业的政策支持力度，结合襄阳市跨境电商发展情况，出台更多支持跨境电商企业发展的政策，促进襄阳自贸片区跨境电商企业健康发展，提升襄阳自贸片区跨境电商企业的竞争力。

第五节
跨境电子商务综合试验区的经验及启示

近年来,随着网络技术的进步和数字经济的发展,国际贸易发生重大变革,跨境电商平台的发展推动了跨境电商的发展。党的二十大报告提出加快建设贸易强国,有力地支持了跨境电商稳定持续发展。截至2022年底,我国共设立7批共165个跨境电商综试区,着力解决跨境电商发展中的问题和体制性难题,打造跨境电商完整产业链和生态链,逐步形成一套适应和引领跨境电商发展的管理制度和规则,形成推动我国跨境电商可复制、可推广的经验,支持跨境电子商务发展。设立跨境电商综试区,有利于促进跨境电商物流畅通,提升外贸运行效率,稳定外贸产业链、供应链,提升我国数字经济全球竞争力,实现产业数字化和贸易数字化融合。

一、跨境电商综试区发展现状及成果

(一)跨境电商综试区发展现状

1. 跨境电商综试区城市分布

跨境电商综试区的蓬勃发展,离不开政府和相关部门出台优惠政策和大力扶持。2015年,第一批跨境电商综试区在杭州设立;2016年第二批包括郑州、天津、上海、重庆等12个城市设立了跨境电商综试区;第三批22个城市于2018年设立跨境电商综试区;2019年第四批24个城市设立跨境电商综试区;2020年第五批46个城市和地区设立跨境电商综试区;2022年2月及11月,中国跨境电商综试区进行了两轮扩围,先后在鄂尔多斯市等27个城市和地区,以及廊坊市等33个城市和地区设立跨境电商综试区(见表7-2)。

表 7-2　2015—2022年中国跨境电子商务综合试验区设立批次

批次	城市名单
第一批综试区城市	2015年3月，国务院批复设立中国（杭州）跨境电商综试区，杭州成为我国首个跨境电商综试区城市
第二批综试区城市	2016年1月，国务院批复同意在郑州、天津、上海、重庆等12个城市设立跨境电商综试区
第三批综试区城市	2018年7月，国务院同意在北京市、呼和浩特市、沈阳市等22个城市设立跨境电商综试区
第四批综试区城市	2019年12月，国务院同意在石家庄市、太原市、赤峰市等24个城市设立跨境电商综试区
第五批综试区城市	2020年4月，国务院同意在雄安新区、大同市等46个城市和地区设立跨境电商综试区
第六批综试区城市	2022年2月，国务院同意在鄂尔多斯市、扬州市等27个城市和地区设立跨境电商综试区
第七批综试区城市	2022年11月，国务院同意在廊坊等33个城市和地区设立跨境电商综试区

（数据来源：中华人民共和国中央人民政府网）

自2015年首批跨境电商综试区设立后，国务院陆续在我国西部、中部和东部不同城市设立跨境电商综试区，全面覆盖31个省区市，其中山东、江苏、浙江、广东四省实现地市级全覆盖，跨境电商综试区规模不断扩大，跨境电商产业深化发展，对我国经济转型发展都有重要意义。但是，也可以看出，我国跨境电商综试区分布是不均匀的，其主要分布在东部沿海地区，特别是粤港澳大湾区、长三角地区的城市，未来，随着跨境电商综试区政策的推进，中部和西部地区"一带一路"重要节点的跨境电商综试区也将进一步增加。

2.跨境电商综试区发展重心

首批跨境电商综试区城市积极探索跨境电商业务流程、监管方式和信息化建设等方面的先进经验。第二、三批跨境电商综试区城市主要围绕跨境电商物流模式及仓储服务、国际支付结算系统平台功能以及综合服务平台构建进行试点，逐步扩大试验范围，致力于探索创新跨境电商企业B2B运营环节的业务流程、监管等方面，以进一步提升跨境电子商务服务水平和质量水平。第四批跨境电商综试区城市借鉴之前成熟的经验和做法，对跨境电子商务零售出口实行免税等相关政策，以促进创新、产业转型升级、品牌建设发展，以及国际贸易自由化、便利化和业态创新为目标。第五、六批跨境电商综试区城市积极推进跨境电商业务模式创新，以跨境物流、国际采购与供应链管理、跨境支付结算服务等新型经营模式加快转变外贸增长方式，提高自主创新能力。这些探索和创新为跨境电商综试区的发展创造了一个优越的环境，同时推动和规范跨境电子商务产业的蓬勃发展。

基于上述分析可见，跨境电商综试区通过探索和创新，提升贸易便利化水平，打造外贸竞争新优势，实现贸易促进效应；通过以跨境电商带动相关产业发展，完善跨境电商产业链、生态链，整合资源要素，实现产业结构升级；在各项"制度红利"的背景下，最终实现地区经济增长。具体分析如下：

各跨境电商综试区重点创新和完善技术标准、业务流程、监管模式等跨境电商交易流程的数字化建设。数字化建设不仅指信息基础设施的建设，还包括数字化平台的维护和更新、数字化通关的实现、在线产业园区的建设。

各跨境电商综试区努力提升地区贸易便利化水平。这主要体现在以下几个方面：一是在税收监管方面，综试区实施"免票免税"政策，使综试区内的跨境电商企业享受免征增值税、消费税优惠；二是在进出口报关和清关方面，流程大大简化。海关、税务等部门出台了一系列政策，帮助提高通关效率，如简化进出口货物归类、"单一窗口"办理跨境电商货物进出口手续等。据统计，在上述措施下，杭州跨境电商综试区内货物进出口报关时间由4小时缩短至平均1分钟。

各跨境电商综试区重点鼓励信息服务企业集聚。综试区一般开展跨境电商产业园建设，鼓励知名电商平台企业、跨境电商上下游企业及相关服务企业入驻，提供园区内金融、通关、检疫、物流、人才等综合供应链服务，打造跨境电商产业生态圈，促进企业在综合型产业园整体成长壮大。

（二）跨境电商综试区发展成果

基于上述跨境电商综试区的发展背景可见，跨境电商综试区最终将通过城市数字化建设、贸易开放度提升、信息服务业集聚实现区域经济增长。

第一，跨境电商综试区的政策通过影响城市数字化建设来影响经济增长。跨境电商综试区政策聚焦信息化建设，推动城市数字化转型，城市数字化转型助力经济增长。

第二，跨境电商综试区通过影响贸易开放程度来影响经济增长。跨境电商综试区着力打造跨境电商新业态，打造国际贸易新竞争优势，最终实现贸易促进效应。

第三，跨境电商综试区通过促进信息服务业集聚，对经济增长产生影响。综试区的一项重要任务是集聚跨境电商产业，打造完整的跨境电商产业链和生态链，最终实现经济增长。目前，我国跨境电商综试区产业集聚主要体现为线上综合服务业和线下产业园区集聚。

杭州跨境电商综试区和郑州跨境电商综试区分别是我国第一批和第二批设立的跨境电商综试区，经过几年发展，都对当地经济发展和推广跨境电商综试区建设经验做出重要贡献。

二、郑州跨境电商综试区的发展及影响

（一）郑州跨境电商综试区的发展

郑州跨境电商综试区的主要任务是在跨境电子商务交易、支付、物流、通关、税收、外汇等环节的技术标准、业务流程、监管模式和信息化建设等方面先行先试，建设"三平台、七体系"。其中，"三平台"分别是指"单一窗口"综合服务平台、"综合园区"发展平台、人才培养和企业孵化平台；"七体系"包括信息共享体系、金融服务体系、智能物流体系、信用管理体系、质量安全体系、统计监测体系、风险防控体系。根据这些主要任务，经过多年摸索发展，郑州跨境电商综试区获得了以下创新经验。

1. 多式联运，破解传统外贸发展困局

为解决河南内陆地区传统外贸发展难题，郑州海关规划了跨境电子商务海关监管业务，采用多式联运方式整合物流通道，创新了"郑欧班列＋跨境电商"模式，并推出了"中欧班列＋冷链物流＋空铁联运＋跨境电商"示范模式，以推动以郑州为核心的多式联运创新立体枢纽试点，助力当地特色产品如毛发制品、羽绒服、鞋靴和农产品等商品走出国门，同时辐射带动周边地区电商相关产业链蓬勃发展。

2."严进、优出"，实现多合一集约化监管

河南保税集团（全称河南省进口物资公共保税中心集团有限公司）创新推出"1210"监管服务模式，并推出了跨境O2O保税网购线下自提服务模式。针对网购保税进口业务的独特特点，加强对网购保税商品一线入区和区内仓储环节的执法和监管力度，从而实现"严进"的目标。在区内物流环节实行全程监控，杜绝违规现象发生。在遵循"严进"原则的前提下，对网购保税进口零售商品申报清单的布控查验进行精简，优化监管流程，以风险研判为依据，实现"优出"的目标。

郑州海关关注电商企业诉求，积极创新，为加强对网购保税进口商品的监管，将其纳入国家质量安全追溯系统中进行跟踪溯源管理，建立起从生产源头开始的全过程监控机制，并实行线上与线下双重监管方式。在省内"邮政＋跨境电商"体系下，建立一个跨境电商退货中心仓，以实现跨境电商全流程全模式的创新申报，并将"三关合一"监管场所打造成一个完整的体系。通过设置电子验货平台和快递公司等方式，有效提高监管效率。通过该措施的实施，监管效能得到了进一步提升，通关时效大幅缩短，二线包裹出区时效从3小时缩短至"秒通关"，这一举措得到了电商企业的高度认可。

（二）郑州跨境电商综试区的影响

1.促进地区经贸发展

根据郑州市统计局核算结果，2022年，郑州市完成地区生产总值12934.7亿元，按不变价格计算，比2021年增长1.0%（见图7-2）。

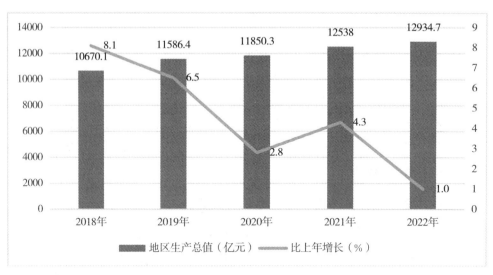

图 7-2　2018—2022 年郑州市地区生产总值及其增速

（数据来源：郑州市统计局，https://tjj.zhengzhou.gov.cn/tjgb/7051390.jhtml）

在外贸进出口方面（见图 7-3），2022 年，郑州市进出口总值 6069.7 亿元，同比增长 3.1%。其中，进口总值 2473.4 亿元，同比增长 5.8%；出口总值 3596.3 亿元，同比增长 1.3%。2022 年新设立外商投资企业 73 个，同比减少 60 个，下降 45.1%。全市实际使用外资金额 12 亿美元。2022 年境外投资额 5.4 亿美元，同比增长 1.5%。2022 年跨境电子贸易走货量 6320 万包，同比下降 6.1%；货值 212.8 亿元，同比增长 18.2%。

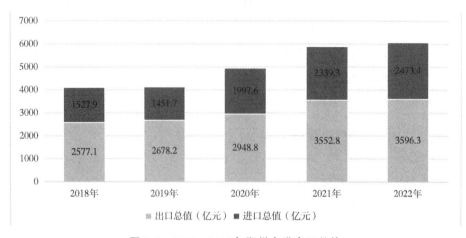

图 7-3　2018—2022 年郑州市进出口总值

（数据来源：郑州市统计局，https://tjj.zhengzhou.gov.cn/tjgb/7051390.jhtml）

在商务部"2021年跨境电子商务综合试验区评估"中，郑州跨境电商综试区以其卓越的表现荣登榜首，而郑州作为一个以"买全球、卖全球"为长远目标的城市，多年来的创新发展已经取得了显著的成果。作为一个以内陆城市，郑州逐渐成为跨境电商发展的肥沃土地，其国际首创的"郑州模式"更是在全球范围内享有极高的知名度。

2.提高地区影响力

郑州多次举办跨境电子商务大会，推出了"郑州模式"和"郑州标准"，为全球跨境电商发展提供了中国方案，贡献了河南智慧。以河南保税集团、河南省中大门网络科技集团有限公司等为代表的跨境电商本土企业，推动"跨境网购保税模式"在全国综试区城市及境外主要城市复制。郑州不仅是我国中原地区的交通枢纽，更是"一带一路"建设的重要枢纽城市之一。目前国内已形成较为完善的城市发展布局，境外已在卢森堡、俄罗斯、比利时、澳大利亚等国家建立海外仓，郑州市应充分发挥区位、交通、市场、信息化等多方面的综合优势，进一步加强河南省在"一带一路"建设中作为承东启西、连接南北的重要枢纽的地位，形成内陆地区对外开放新高地，促进我国东、中、西部区域协调发展，推动建立全球跨境电子商务规则、政策、监管和供应链服务体系，以"郑州模式"引领全球跨境电商的发展。

三、杭州跨境电商综试区的发展及影响

（一）杭州跨境电商综试区的发展

作为国内首个跨境电商综试区，杭州通过制度创新、科技创新、管理创新、平台助力，构建信息共享体系、金融服务体系、智能物流体系、电商信用体系、统计监测体系和风险防控体系，以及线上"单一窗口"平台和线下"综合园区"平台的"六体系、两平台"，实现跨境电子商务信息流、资金流、货物流"三流合一"。

制度创新。作为首个跨境电商综试区，杭州在监管方面缺乏可供学习的经验，因此采用"先行先试"的方式，不断创新和优化监管模式，逐步形成了一套适应跨境电子商务业态特点的海关监管制度措施，该措施具有可复制、可推广的特点。在跨境电子商务海关监管领域，杭州创造了七项全国"最早"和十项创新制度，为该领域的发展奠定了坚实的基础。

科技创新。在推进制度创新的同时，杭州海关不断加大科技投入，运用互联网思维提升监管效能，以适应时代发展的需求。杭州海关所构建的"跨境电子商务监控分析系统"，可根据参数设定对跨境商品进行风险因素筛查，并通过云端服务器整合现场海关监管数据，从而提高监管效能，实现智能化监管。此外，杭州海关还研发了"跨境电子商务综合服务平台"和"电子通关管理系统"，为企业提供一站式服务，降低了物流成本。

管理创新。杭州海关在优化监管模式的同时，积极践行海关总署"全国海关通关一体化"部署，以"通得快"为重点，紧随浙江省"最多跑一次"的改革步伐，推出一系列便民措施，真正实现简政放权、放管结合、优化服务的目标。

平台助力。2023年数据显示，杭州有电商平台128个，平台网店超过1250万家，"独角兽"企业39家，"准独角兽"企业317家。同时，杭州还涌现出一批电商上市企业，除阿里巴巴、网易等头部电商企业，子不语、蘑菇街、双枪科技、壹网壹创、生意宝、恒生电子等电商相关企业纷纷上市。杭州电商产业直接带动周边企业发展，使得奶粉、护肤品、零食等品类近万种商品活跃在跨境电商线上平台。

（二）杭州跨境电商综试区的影响

1. 促进经济增长

根据杭州市统计局报道，如图7-4所示，在跨境电商综试区建设带动下，2022年杭州市实现地区生产总值18753亿元，按可比价格计算，比2021年增长1.5%。

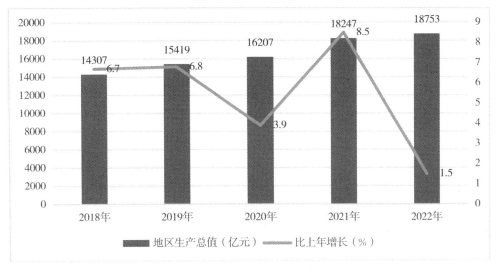

图 7-4　2018—2022 年杭州市地区生产总值及其增速

（数据来源：杭州市统计局，https://www.hangzhou.gov.cn/art/2023/3/22/art_1229063404_4150909.html）

2022年，杭州市货物进出口总额7565亿元，同比增长2.7%。外贸规模再创历史新高，占浙江省进出口总值的16.2%。其中，出口达到5141亿元，同比增长10.6%，首次突破5000亿元大关；进口2424亿元，下降10.8%，如表7-3所示。

表 7-3　杭州市 2022 年货物进出口总额及增速

指标	金额/亿元	同比增长/（%）
货物进出口总额	7565	2.7
出口	5141	10.6
进口	2424	−10.8

2.促进电商平台发展，提高企业利润

杭州作为第一批跨境电商综试区先行者，在阿里巴巴国际站、独立站等跨境电商平台渠道发展上做出重要贡献。全国三分之二跨境电商零售出口平台落地杭州，2023年杭州为55000家跨境电商卖家分层培训，引导企业运用跨境电商"9610""9710""9810"模式报关，联合阿里巴巴国际站、亚马逊全球开店、全球速卖通、eBay等重点平台给予832家规模2000万元以上和157家亿元以上跨境电商企业线上流量支持，推动跨境电商"腰部卖家"向"头部卖家"跃升。

此外，杭州市还运用完善的电商平台服务体系和强大的流量支持，吸引国内外各行业企业加盟电商平台，联通了欧美和"一带一路"新兴市场等200多个国家和地区。企业通过在海外打造独立站，掌握风格、款式等大量前端销售数据，从而迅速锚定研发方向、调整产品生产。以前订单是"等靠要"，做贴牌代工，现在通过跨境电商，企业能够了解用户消费偏好、交易额、商品页停留时间等重要数据，自主品牌的产品可以直接销售到消费者手中，企业掌握了定价权，避免中间商赚差价，提高了企业利润。杭州市的一家本土企业三星羽绒在国外的独立站，自2022年5月上线以来，截至2023年9月单月销售额已达300万美元，复购率20%左右，极大地提高了企业经营利润，促进杭州市经济发展，同时扩大商业规模，提高了杭州市的就业率。

四、郑州和杭州跨境电商综试区经济效应的比较分析及启示

（一）两个跨境电商综试区对区域经济影响比较分析

1.宏观经济方面

如表7-4所示，根据郑州和杭州2022年进出口总额和地区生产总值可以看到，杭州出口总值比郑州低，但其进口总值是郑州的两倍之多，同时，杭州地区生产总值也比郑州高45%。杭州跨境电商综试区由于其靠近沿海的地区优势和先发展的时间优势，利用互联网技术促进跨境电商平台发展，提高地区进出口总额。而郑州利用中原地区丰富的物产资源，凭借跨境电商平台和综试区优惠政策将产品推销出去，不仅促进当地企业扩大规模，提高生产利润，增加当地生产总值，还带动沿线地区经济发展，成为"一带一路"建设的重要一环。

表7-4 郑州和杭州2022年宏观经济比较　　　　　　　　　单位：亿元

城市	地区生产总值	进出口总额	进口总值	出口总值
郑州	12934.7	6069.7	2473.4	3596.3

续表

城市	地区生产总值	进出口总额	进口总值	出口总值
杭州	18753	7565	5141	2424

2. 对外贸易方面

郑州跨境电商综试区的经济效应主要体现在对对外贸易水平的影响上，对地区产业结构调整以及经济增长的促进作用不显著。郑州不具备杭州沿海城市发展传统国际贸易的区位优势，也不具有杭州作为"电商之都"的电商发展基础。一方面，郑州在跨境电商起步较晚，产业链不够完善，监管服务体系不协同的情况下，综试区的设立带来的制度改革，使当地跨境电商产业的发展更为便利化、规范化和自由化，体现为较明显的贸易促进效应；另一方面，由于跨境电商属于小批量、多频次的对外贸易，不同于传统国际贸易大批量的贸易方式对港口等沿海区位的依赖，郑州在发展国际贸易方面缺乏区位优势。未来可充分利用区位人才资源禀赋优势和陆运优势，强化区域协同，共建共享网络，打造郑州与周边城市、其他综试区以及共建"一带一路"国家协同发展格局。

对于杭州，其外贸产业基础扎实，跨境电子商务零售业务发展迅猛，跨境电子商务企业集聚效应明显。杭州跨境电商综试区走过了9年时光，一直处于高光时刻。在外部需求疲软、价格下跌和全球产业链重组的多重挑战下，杭州的外贸总额在2023年首次突破8000亿元，超越了成都、重庆、天津，五年之后再次进入中国前十。杭州跨境电商综试区率先开展跨境电子商务"小包出口""直邮进口""网购保税进口""跨境B2B出口""保税出口"等业务试点，2023年杭州跨境电商企业达6.3万家，规模达2000万元以上的跨境电商企业达1045家，规模1亿元以上跨境电商企业212家。未来杭州将利用其产业优势和综合配套基础着力打造全国跨境电子商务创业创新中心、跨境电子商务服务中心和跨境电子商务大数据中心。

（二）两个跨境电商综试区对其他地区的启示

中国跨境电商综试区的建设需要政府政策支持，以促进跨境电商综试区的制度创新和模式创新。中国跨境电商综试区运行时间较短，建设过程中存在较多问题。因此，各地政府需要为跨境电商的发展做好设计顶层，在生产用地、商品质检、减税、财政金融等方面给予支持。

跨境电商综试区需要继续进行大胆的改革探索，因地制宜制定适合自己的发展模式，为跨境电商行业发展提供支持。一是跨境电商综试区要依托现代技术，改造跨境电商发展的配套措施，推动跨境电商发展。二是跨境电商综试区要继续推动跨境电商通关、信息共享，推动跨境电商成为我国电子商务新的增长点和竞争新优势。三是跨境电商综试区要着力打造完整的跨境电商产业链和生态链，形成线上线下的跨境电商产业集群。

提高产品质量，形成品牌效应。跨境电商综试区的企业要严格把控产品的质量，在营销策略上，要注重树立品牌形象，增强店铺的吸引力，要能更好地诠释店铺形象。要注重调查，熟悉海外消费者的消费需求、消费习惯，根据消费者的需求改进产品，提高客户的消费体验和产品满意度。要多学习和了解海外的法律法规，避免侵权问题。

发挥辐射带动作用。跨境电商综试区要发挥龙头企业集群集聚优势，在确保自身持续发展的前提下，加强周边地区基础设施建设，逐步推进，为后发地区提供必要的硬件支持，并将自身的发展经验与当地实际情况相结合，分享给其他地区。推进跨境电商新业态在全国范围内的推广，以促进周边地区的协同发展，对地方产业发展形成一定带动和辐射作用。

参 考 文 献

[1] Wang C G, Liu T S, Wang J L, et al. Cross-Border E-commerce trade and industrial clusters: Evidence from China[J].Sustainability 2022,14(6).

[2] Fan M Y, Tang Z R, Qalati S A, et al. Cross-Border E-commerce brand internationalization: An online review evaluation based on Kano Model[J]. Sustainability, 2022,14(20).

[3] Zhao Y Y, He Y, Zhao W T. Personalized clustering method of cross-border E-commerce topics based on ART algorithm[J].Mathematical Problems in Engineering,2022(1).

[4] 邵飞春.跨境电商模式优化分析[J].商场现代化,2022(23):64-67.

[5] 陈德慧,廖可,祝甜.跨境电商企业品牌国际化运营研究——以A企业为例[J].对外经贸,2022(4):47-51.

[6] 郑小莹.跨境电商助推中国"品牌出海"探析[J].哈尔滨学院学报,2019,40(7):40-42.

[7] 曾国庆.中国品牌出海跨境电商现状分析[J].当代贵州,2022(45):54-55.

[8] Papis-Almansa M. VAT and electronic commerce: The new rules as a means for simplification, combatting fraud and creating a more level playing field?[J]. ERA Forum,2019,20(2).

[9] Bracamonte Lesma V R, Okada H. Influence of website attributes on consumer acceptance of cross-border electronic commerce[A]. 2012 14th International Conference on Advanced Communication Technology (ICACT), PyeongChang, Korea (South), 2012.

[10] Han J H, Kim H M. The role of information technology use for increasing consumer informedness in cross-border electronic commerce: An empirical study [J]. Electronic Commerce Research and Applications,2019,34.

[11] Shao Y T. Discuss the similarities and differences of Amazon and Alibaba

with respect to cross-border E-commerce[J]. Science Journal of Business and Management, 2019, 7(6).

[12] Li J H, Wang T, Chen Z S, et al. Machine learning algorithm generated sales prediction for inventory optimization in cross-border E-commerce[J]. International Journal of Frontiers in Engineering Technology, 2019, 1(1).

[13] 刘福祥."一带一路"背景下我国跨境电商发展现状及对策研究[J].对外经贸,2019(5):88-89.

[14] 史雪然."一带一路"背景下跨境电商发展的SWOT分析[J].西部皮革,2019(20):65.

[15] 胡雨."一带一路"背景下湖南省跨境电商发展面临的问题及对策研究[J].冶金管理,2019(17):152-153.

[16] 任伟,许鑫,刘丽娟,等."一带一路"倡议下贸易便利化对中国跨境电商出口的影响[J].华北理工大学学报（社会科学版）,2024,24(1):33-40.

[17] Choi H J, Jung H J. A study on the importance and satisfaction of the cross-border electronic commerce in ASEAN countries[J]. The e-Business Studies, 2018, 19(4).

[18] Editorial Department. Present and future of cross-border B2C e-Commerce between Korea and ASEAN[C]. Inha University Jeong Seok Institute of Logistics and Trade Academic Conference, 2019.

[19] Le S Y, Han Z X. An analysis on cross border electronic commerce platform selection criteria in ASEAN: The perspective of Korean small and medium sized firms[J]. Trade Research, 2020, 16(5).

[20] Majumdar S K, Sarma A P, Majumdar S. E-commerce and digital connectivity: Unleashing the potential for Greater India - ASEAN Integration[J]. Journal of Asian Economic Integration, 2020, 2(1).

[21] Ayob A H. E-commerce adoption in ASEAN: Who and where?[J]. Future Business Jurnal, 2021, 7(1).

[22] 韦大宇.浅谈如何开拓东盟电子商务市场[J].企业研究,2010(04):27 28.

[23] 韦大宁,王敏.我国企业开拓东盟跨境电商市场面临的挑战与对策[J].对外

经贸,2022(4):52-55,130.

[24] 王玥."一带一路"背景下中国跨境电商在东盟发展竞争力分析——基于钻石模型[J].市场周刊,2022,35(1):98-100.

[25] 徐保昌,许晓妮,孙一菡.RCEP生效对中国-东盟跨境电商高质量发展带来的机遇和挑战[J].国际贸易,2022(10):53-59.

[26] 白东蕊.中国与东南亚跨境电商合作的发展趋势与挑战[J].对外经贸实务,2018(7):16-19.

[27] 张建中,钟雪.中国-东盟跨境电子商务与贸易增长的互动关系研究[J].改革与战略,2019,35(12):115-124.

[28] 谢敏,熊国祥.中国与东盟跨境电商贸易提质增效研究[J].商业经济研究,2020(12):150-153.

[29] 宋海霞.中国-东盟跨境电商发展潜力研究[D].石家庄：河北经贸大学,2021.

[30] 卢文雯,林季红.中国与东盟跨境电商合作研究[J].亚太经济,2021(5):12-20.

[31] 胡雪歌.中国-东盟跨境电商合作发展研究[J].商业经济,2022(10):90-94.

[32] 陈帅嘉,兰青叶.中国跨境电商企业开发东南亚市场的SWOT分析与策略探讨[J].电子商务,2020(10):31-32,40.

[33] 贺宇,赵建航,孔朝阳.中国产品在东盟市场的印象研究——基于印尼、泰国、老挝三国调查问卷的分析[J].科学决策,2022(10):125-137.